세상에 가치없는 사람은 아무도 없다

평강의 주님께서 친히

때마다 일마다

평강을 주시기를 기도하며

특별히 ＿＿＿＿＿＿＿＿ 님께

이 소중한 책을

드립니다.

세상에
가치없는 사람은
하나도 없다

김용현 지음

나침반

세상에 가치 없는 사람은 하나도 없다

하나님의 자비하심은 그 끝을 알 수 없다.

내 젊은 시절의 삶을 돌이켜보면 숱한 방황과 욕구로 채워져 있었다.

그런 나를 하나님께서는 자비로 이끌어주셨다. 나를 변화시키셨다.

나는 하나님께서 나에게 베푸셨던 사랑, 그리고 나를 통해 역사하셨던 수많은 기적을 통해 마침내 '세상에 가치 없는 사람은 하나도 없다' 라는 깨달음을 얻게 되었다.

지금 이 순간에도 자신의 운명을 탓하면서 삶의 희망을 놓아버린 이들이 많다.

인생의 목적지를 몰라 방황하는 이들도 많다.

그들에게 내 인생을 보여주고 싶다.

제멋대로에 이기적으로 살았던 나, 세상에 내세울 거라곤 몸뚱이밖에 없었던 나이지만, 하나님의 은총으로 구원받고, 그 후 하나님이 내게 주신 새로운 삶을 통해 인간답고 가치있는 삶을 살게 되었는데...
그리고 내게 넘치도록 큰 물질의 축복을 주셨는데...하나님이 나와 함
께 하신 삶의 이야기를 통해 그들에게 희망을 주고 싶어서 이다.
　나와 같은 고난과 아픔을 가진 이들에게 '당신의 삶속에서 하나님
의 계획이 무엇인지 발견하라' 고 간절히 전하고 싶어서 이다.

　내가 험한 세상에서 낙오하지 않고 예수 그리스도의 십자가 은총
을 통해 하나님이 주신 큰 복을 누릴 수 있었던 건, 무엇보다도 하나님
의 전폭적인 사랑 때문이다.
　그리고 아내의 인내의 기도 때문이라고 믿고 있다. 외롭고 힘들고,
어려웠던 순간을 신앙으로 꿋꿋하게 이겨낼 수 있도록 항상 곁에서
간절하게 기도한 아내의 기도가 오늘의 나를 만들었다고 생각한다. 이
제 아내는 나의 신앙의 동역자이기도 하다.

　이 책이 모든 사람이 구원 받고 진리를 아는 일에 크게 쓰임받길
기도한다.

하나님의 사랑에 감사하며......
김용현

삶의 주관자이신 하나님을
함께 경험하는 귀한 기회

지나온 길을 돌이켜 본다는 것은 현재의 자신을 점검하는 일입니다. 과거의 발자국을 따라 걸음을 걷노라면 어느새 지금 자신의 모습과 만나게 되기 때문이죠.

크리스천은 하나님께서 부르실 때까지 계속해서 그리스도를 닮아가야 합니다. 그리고 과거를 돌이켜보는 것은 하나님을 닮아가는 삶으로의 변화를 위한 책찍질과 같다고 봅니다.

또 그 일은 다른 사람들에게 귀한 교훈을 줄 수 있습니다. 흔히 말하는 위인들로부터 평범한 사람에 이르기까지 어떤 사람의 인생도 소중하지 않은 것이 없기 때문입니다.

특히, 인생 가운데 찾아오셔서 구원해 주시고, 때마다 일마다 인도하시는 하나님을 경험한 그리스도인들이 자신의 삶의 여정을 기록하는 것은 그 글을 읽는 사람에게 깊은 감동을 줄 뿐만 아니라, 삶의 주관자이신 하나님을 함께 경험하는 귀한 기회가 됩니다.

　때문에, 이 책을 통해 김용현 집사님은 이후 더욱 그리스도를 닮아가는 삶을 살게 될 것이고 또한 많은 사람들은 그의 인생을 통해 만나주시고 변화시키시고 일하시는 하나님을 만나게 될 것입니다. 어려움과 환난 가운데서도 집사님을 인도하시는 하나님의 놀라우신 사랑이 집사님의 인생 여기저기에 가득 들어있으니까요!

　김용현 집사님의 삶을 함께 돌아보면서 그의 인생 가운데 함께 하신 하나님을 발견하고, 그 하나님께서 우리와도 동일하게 동행하고 계심을 깨닫게 되는 은혜가 있기를 원합니다.

　출간을 기뻐하며, 하나님의 사랑과 축복이 집사님과 이 글을 읽는 모든분과 함께 하기를 소망합니다.

목동제일교회

김성근 목사

제1장

광야에서 인도 하신 하나님

내 생애 최초의 성탄절

1946년 6월 29일, 목포의 한 작은 마을에서 태어난 나는 유교집안의 장남으로서 신앙과는 완전히 동떨어진 삶을 살았다. 유달산과 노적봉 기슭이 둘러진 마을은 풍경은 아름다웠지만, 풍수지리와 미신에 내어 준 터라 십자가가 들어올 틈이 없었다. 부두노동자였던 아버지는 주민들과 바위 앞에 모여 제사를 지내거나, 마을잔치가 있을 때면 남도의 농악에 맞춰 설소리를 내며 무속적인 놀이에 취했다. 어머니 역시 뒷마당에서 정한수를 떠놓고 빌었을 뿐, 외국서 들어온 기독교에 마음을 내어주지 않았다.

믿지 않은 부모 밑에서 어린 시절을 보내는 건 많은 것을 빚지는 일이다. 하나님을 믿음으로써 얻게 되는 가치와 신념을 쓰라린 경험과 맞바꾸어야만 하기 때문이다. 나에게 어린 나이에 부모를 잃는 경험은, 이후 하나님을 만나기 전까지 방황과 고난의 세월을 예비하는 불행의 씨앗이 되었다.

나는 어릴 때 마을에 있던 무당의 존재가 무서웠다. 등교할 때 무당 집 앞을 지날 때면 귀를 막고 소리를 지르던 기억이 생생하다. 이상한 건 유교집안에서 자라면서도 제사나 굿이 너무 싫었다는 점이다. 아버지가 제사 때 절을 하라고 하면 두 손을 모으고 절하는 척하다가 몰래 뒤로 빠져나오곤 했다. 그러면 화가 잔뜩 난 아버지는 싸리비로 나를 때리면서 "조상도 몰라보는 막돼먹은 놈"이라고 혼쭐을 냈다.

나는 초등학교 때부터 장난기 많기로 '악명(?)'이 높은 아이였다. 동네 누나들의 고무줄을 가위로 자르고 다니는가 하면, 맘에 내키지 않는 친구들을 돌아가면서 두들겨 팼다. 주로 몸이 약하고 공부도 못하는 아이들이었는데, 등·하교 할 때 책가방이나 '벤또'를 들게 했다. 일요일엔 우리 집 앞을 지나갈 때마다 통행세를 받았다. 집 앞에서 팽이 놀이를 하다가 같은 반 친구의 이마를 찍은 적도 있다. 그 애 이마에서 피가 분수처럼 뿜던 날, 아버지에게 혼이 빠지도록 얻어맞았던 기억이 난다.

동네에서 나는 온갖 못된 짓을 일삼는 그야말로 잡놈 중의 잡놈이었다. 학교에서 공부를 열심히 하기보다, 그저 어떻게 하면 맛있는 걸 훔쳐 먹을까만 고민했다. 내 못된 습성 중 하나는 집안 기물을 엿장수에게 팔아먹는 거였다. 신발장을 뒤져서 낡은 구두가 있으면 그걸 들고 가서 가락엿 5~6개와 바꿔오곤 했다.

신발장에 구두가 없어지는 걸 아버지가 눈치 못 채도록 내 것과 어머니 신발, 아버지 구두를 마구잡이로 뒤섞어 놓았다. 그렇게 팔아먹은 구두만 해도 10여 켤레는 됐을 것이다. 엿장수 아저씨는 내가 숟가락이며 구두, 고무신 등을 들고 오는 걸 보고 끌끌 혀를 찼다.

"너 같은 아들을 키우느라 네 아버지는 얼마나 고생이 많으시냐!"

엿장수 아저씨가 이렇게 물어보면 나는, "나중에 엿장수만 안 하면 되죠" 하고 맹랑하게 대꾸했다.

학교에서는 '용가리' 라는 별명이 일찍 붙었다. 오죽하면 담임선생님도 "용가리 왔니?" 하고 인사할 정도였다. 교실 뒤쪽에서 딱지를 갖고 놀던 애들은 내가 나타나면, 딱지를 몰래 숨겼다. 내가 뺏을 걸 알았기 때문이다. 그러면 나는 "딱지 10장을 주면 화장실 청소를 면제해주겠다" 면서 반 강제로 딱지를 뺏었다. 화장실 청소는 나도 거들떠보지 않았기에 그저 나 몰라라했다.

초등학교 3학년 때 내 담임선생님은 '뺑코' 라 불리던 남자 선생님이었다. 어찌나 냄새를 잘 맡는지 애들 중 하나가 방귀만 뀌면 그 전날 저녁에 뭘 먹었는지도 귀신 같이 알아냈다. 뺑코는 도시락을 미리 까

먹는 나를 무척이나 미워했다.

"너 때문에 교실에 냄새가 배서 수업을 못하겠다. 이놈아! 그 못된 짓을 안 버릴 거냐?"

나는 뺑코에게 얻어맞은 게 분해 복수를 결심했다. 당시 뺑코는 돈을 너무 좋아해 학교 육성회비를 횡령했다는 소문이 돌았다.

"뺑코는 돈 귀신이야. 냄새, 특히 돈 냄새는 더 잘 맡지. 실험 한 번 해볼까?"

친한 친구 서넛을 꼬드겨 뺑코를 골탕 먹이기로 했다. 수업이 모두 끝난 뒤 2층 복도에 숨어 있다가, 뺑코 앞에서 돈을 매달은 낚시 줄을 드리워 속여먹자는 계획이었다. 나는 학교 창고에 있던 부러진 마대자루에 낚시 줄을 붙여서 100원짜리 지폐 한 장을 매달아두었다. 그리고 2층에서 낚시 줄을 내려 마치 현관 앞에 돈이 떨어진 것처럼 보이게 했다.

"야, 뺑코 나온다."

뺑코는 교실 뒷정리를 마친 뒤 집으로 퇴근하는 길이었다. 현관 앞에서 크게 기지개를 편 뺑코는 내 예상대로 100원 짜리 지폐를 발견하고 허리를 굽혔다. 그 순간 나는 낚시대를 움직여 지폐가 바람에 날리는 것처럼 꾸몄다. 뺑코는 몸을 숙인 채 지폐를 쫓아가다가 그만 걸음이 뒤엉켜 앞으로 고꾸라지고 말았다.

"하하하하, 뺑코는 돈 귀신, 바보 멍청이!"

나는 낚시줄을 거둬들이고 뺑코를 향해 있는 힘껏 혀를 내밀었다. 뺑코는 그제야 자신이 속았다는 걸 알고 방방 뜨며 고함을 쳤다.

"이 놈들! 어디 선생님한테 장난을 쳐? 내일 학교에서 보면 크게 혼 날 줄 알아라!"

뺑코를 피해 달아난 우리는 다음 날 기절하기 직전까지 맞았다. 그 당시 나는 돈 없는 아이들을 차별하는 뺑코를 심판하고 싶었던 것 같 다.

말썽꾸러기 골목대장이었지만 하나님은 그때부터 나를 조금씩 인 도해주셨다. 초등학교에 다니던 같은 반 친구를 통해 교회 주일학교에 출석하게 된 것이다. 목사의 아들이었던 그는 나처럼 제멋대로인 싸움 꾼 친구를 너그럽게 받아주면서 "예수를 믿어야 구원을 받는다"고 말 했다. 처음엔 여차하면 몇 대 패줄 요량으로 그 아이 뒤꽁무니를 쭐레 쭐레 따라갔다. 학교 앞에 있는 '신흥장로교회'는 곳곳에 금이 간 건 물인데다 교회 명패는 늘 비뚜름하게 걸려 있었다.

목사님은 예배를 마치고 나를 보자마자 "동네 깡패가 왔구나" 하고 너털웃음을 지으셨다. 이후에도 교회에서 나를 볼 때마다 '꼬마 깡 패'라고 부르며 사탕을 한 알씩 쥐어주셨다. 꼬마 깡패란 말을 듣고도 나는 매주 빠짐없이 교회에 출석했다. 목사님은 그때까지 내가 만난 어른과는 좀 다른 분위기를 풍겼다. 나이는 아버지뻘이었지만 친구 같 은 느낌이 들었고, 상대가 무엇이든 솔직하게 고백하도록 만드는 묘한 힘이 있었다.

성탄절 아침이었다. 나는 이미 며칠 전부터 단단히 벼른 상태였다. 교회 다니고 처음 맞는 성탄절이었고, 빵이나 과자를 먹고 싶은 대로 먹을 수 있다는 말에 잔뜩 들떠 있었다. 친구가 예수님 생일에는 꼭 헌금을 챙겨야 한다고 해서 나는 어머니를 졸랐다.

"엄마, 나 헌금 좀 줘. 오늘 성탄절이라 교회 가야 돼."

당시 우리 집은 형편이 넉넉하지 못해서 어머니에게 돈 달란 말이 잘 나오지 않았다. 하지만 어머니께서 두 말도 않고 주머니에서 1천 원을 꺼내 나에게 건네주셨다. 동네에서 말썽쟁이로 소문난 아들이 교회에 가서 철들길 바라셨는지도 모른다. 지금 생각해보면 나를 택하신 하나님께서 어머니의 마음을 감동시켜 돈을 주도록 하셨던 것 같다.

헌금으로 받은 돈은 교회에 도착하기 전 모두 써버렸다. 그때만 해도 1천원이면 아이에겐 큰돈이었다. 나는 문방구에서 팽이도 사고, 오징어 굽는 아주머니한테 과감하게 한 마리를 달라며 돈을 내밀었다. 평소에는 부위별로 다리, 몸통, 머리 등을 따로 팔던 아주머니는 내가 한 마리 값을 내밀자 "그 돈 어디서 났느냐"며 의심의 눈초리를 보냈다.

오징어를 질겅질겅 씹으면서 나는 예배당에 들어섰다. 마구간에서 태어난 예수님의 지루한 이야기는 어린 나에겐 아무런 감흥도 주지 못했다. 교회에서 나눠준 선물을 받았을 때는 이미 군것질로 배가 부른 뒤였다.

욕심 많은 나는 내 몫의 과자와 사탕을 다 먹고도 친구들의 것을 빼앗아 먹었다. 집에서 저녁도 굶은 채 과자로 배를 채운 나는 결국 탈이 나고 말았다. 배가 너무 아파 방바닥을 데굴데굴 구르면서 나는 난생 처음 기도를 했다.

'예수님 생일날 제가 더 많이 먹어서 죄송해요. 앞으로 안 그럴 테니 한 번만 용서해주세요!'

갑작스러운 어머니의 죽음

어머니가 동생을 낳았을 때 나는 7살이었다. 형이나 동생이 있는 친구들이 부러웠던 나는 동생이 생긴다는 말에 한껏 들떠 있었다. 평소 밤중에나 돌아오던 아버지도 어머니가 임신한 뒤로는 해가 떨어지기 무섭게 집으로 돌아왔다. 군밤이며 딸기며 한 손에 뭔가를 사들고 돌아온 아버지는 "어이구, 내 새끼…"하며 연신 어머니의 부푼 배를 어루만졌다.

어머니는 동생을 임신한 동안 무척 힘들어했다. 가끔 하혈을 하거나 심한 진통으로 고통스러워하셨다. 동생이 나오는 날에도 아버지와 나는 바깥에서 꽤 많은 시간을 기다렸다. 아버지는 초조했는지 담배를 연거푸 피우면서, 어머니가 산통을 할 때마다 신경질적으로 혼잣말을 중얼거렸다.

분만실에서 나온 의사는 무척 어두운 표정이었다. 어머니가 산후조리풍을 맞았다고 했다. 어머니는 당시 40대 초반의 젊은 나이였지만, 출산 이후 5년을 시름시름 앓다가 결국 먼저 하늘나라로 떠나고 말았다.

"아버지, 엄마가 돌아가신 이유가 뭐예요?"

아직 어렸던 나는 갑작스런 어머니의 죽음을 받아들일 용기가 없었다. 한참 사랑받고 어리광을 부릴 나이인데, 내 곁을 떠나간 어머니가 그립고 미웠다. 아버지 역시 한동안 술에 절어서 방황의 시기를 보냈다. 일을 나가지 않고 무작정 나에게 호통을 치는 날도 있었다. 나로선 하루하루가 원망스럽고 고단할 뿐이었다. 어머니의 죽음으로 인한 상실감과 현실에 대한 반항심으로 가득 찬 나는 점점 더 통제할 수 없는 괴짜로 변해갔다.

어머니가 돌아가신 뒤로는 교회에도 더 이상 나가지 않게 되었다. 주일학교에서 웃고 떠들면서 장난치는 아이들을 보면 무조건 주먹으로 때렸다. '내가 이렇게 불행한데, 어째서 저 아이들은 저토록 행복해 보인단 말인가!' 나는 납득할 수 없었고 불공평한 현실을 외면하기 위해 일부러 더욱 난폭하게 굴었다.

학교에서는 이미 문제아로 알려진 나는 제멋대로 행동했다. 반에서 아무나 한 명을 찍은 다음 체구가 작고 약한 아이와 싸움을 붙였다. 내 도시락은 일찍 먹어치우고 점심에는 친구들 도시락을 돌아가면서 뺏어먹었다.

자꾸만 허기가 졌던 나는 툭하면 집안 기물을 엿과 맞바꾸었다. 그러다 아버지에게 들키는 날엔 광목을 잴 때 쓰는 자로 다리가 후들거릴 때까지 맞았다. 그럴 때마다 나는 "엄마 살려내! 아버지가 뭔데 날 때리는 거야!"하고 울부짖었다. 아버지는 어린 나를 어떻게 교육해야 할지 몰라 매로 다스렸던 것 같다. 어머니를 잃은 슬픔은 나보다 아버지가 몇 배는 더 컸을 것이다.

13살의 나이에 가출을 감행하다

나는 허탈하고 무의미한 현실을 탈피하고 싶었다. 국민학생이 지켜야 할 규정 속도를 훌쩍 넘어선 나는 가정과 학교의 규율이라는 잣대에 억눌리다가 급기야는 폭발하고 말았다.

졸업식을 앞둔 어느 날, 등굣길에 기차역으로 발길을 돌렸다. 단짝 친구에게는 "아버지에게 내가 서울로 떠났다고 전해달라"고 부탁했다.

해가 질 때까지 역 주변을 배회하다가 서울로 가는 밤 열차를 무임승차했다. 그때만 해도 가출하는 아이들이 많았기 때문에 승객들도 무임승차한 학생들을 딱하게 여겨 모른 척해주곤 했다. 나는 의자 밑에 몸을 숨기고 서울 지도를 펼쳐보았다. 오래 전 장사를 하겠다며 서울로 향했던 동네 형들의 얼굴이 떠올랐다.

'형들을 찾아가서 취직시켜 달라고 해야지.'

내가 없어진 걸 알고 깜짝 놀랄 아버지의 모습이 눈에 선했지만, 돈을 많이 벌어서 고향에 내려가면 결국 아버지도 좋아하실 것 같았다.

이튿날 아침 서울역에 도착한 나는 표가 없어 염천교쪽으로 나가 서울역 앞 광장에 도착했다. 오가는 사람들의 물결, 호객꾼의 외침…. 한적한 시골동네 목포에서 자란 내게 서울은 그야말로 별천지였다. 어디로 가야할지 막막했다. 공장에 취직했다는 동네 형을 찾아가볼까도 생각했지만 발길이 좀처럼 떨어지지 않았다. 손에 지도를 들고 있었지만 수중에는 동전 한 닢도 없는 상태였다. 순간 나는 이대로 영영 오도 가도 못한 채 고아가 되어버릴 것 같은 두려움에 사로잡혔다.

서울역 주변에 파출소를 찾아가 내 사정을 털어놓았더니 불호령이 떨어졌다.

"인마! 쬐끄만게 벌써부터 가출이야!"

후덕해 보이는 경사는 나를 빤히 쳐다보더니 "밥 먹었느냐"고 물었다. 나는 힘차게 고개를 내저었다. 집에서 나온 이후 한 끼도 제대로 먹지 못한 상태였다. 경사는 나를 파출소 근처 식당으로 데려가더니 잔치 국수를 시켜주었다. 면발이 잔뜩 불은 국수였지만 나는 말하는 것도 잊은 채 게걸스럽게 먹어치웠다. 경사는 곱빼기를 남김없이 먹는 나를 기가 막힌다는 얼굴로 보더니 "다시는 집에서 가출하지 말라"고 타일렀다.

경사의 도움으로 목포행 기차를 탄 나는 가출한 지 하루 만에 집으로 돌아왔다. 아버지는 매를 대지 않았다. 나를 안고 말없이 우는 아버지를 보면서 뒤늦게 죄책감이 들었다. 가출하고 돌아온 뒤로는 집안의 물건을 내다 파는 일도, 동네에서 말썽을 피우는 일도 없었다. 아마도 주님께서 내가 극단적인 선택으로 범죄의 길로 빠지지 않도록 지켜주셨던 것 같다.

“여호와여 주께서 나를 살펴보셨으므로 나를 아시나이다. 주께서 내가 앉고 일어섬을 아시고 멀리서도 나의 생각을 밝히 아시오며 나의 모든 길과 내가 눕는 것을 살펴보셨으므로 나의 모든 행위를 익히 아시오니 여호와여 내 혀의 말을 알지 못하시는 것이 하나도 없으시니이다.”(시 139:1~4)

주님께서는 친구를 통해 교회에 처음 나가던 그날, 나를 평생 책임지시기로 작정하셨는지도 모른다. 만세전부터 나를 구원하시려고 계획해두었던 주님은 나와 대화하고 교제하기 위해 내가 세상에서 방황하는 것을 두고 볼 수 없으셨던 것이다.

그러나 나는 이후로도 오랫동안 주님을 외면하면서 살았다. 성령께서는 나에게 늘 밝히 말씀하고 계셨지만, 세상에 눈과 귀가 어두워져 주님의 섬세한 손길을 깨닫지 못했다.

마도로스의 꿈

　어린 시절, 바닷가에 살아본 경험이 있는 사람이라면 누구나 ‘마도로스의 환상’을 갖고 있을 것이다. 흰 모자에 선글라스를 끼고 파이프를 입에 문 채 갑판 위에 서 있는 선장의 모습은 어릴 적 내 선망이었다. 드넓은 오대양의 찬란한 바다를 가로지르며, 가도 가도 끝없는 수평선 바다 위를 누비는 영웅. 때로는 거친 파도와 싸우는 용맹과 기상이 어린 내 마음을 자극하고 낭만적인 꿈으로 인도했던 것이다.

　사업을 하지 않았더라면 필시 뱃사람이 되었을 거라고 생각한다. 실제 선장이 되겠다며 무턱대고 덤벼들었던 시절이 있었다. 내 먼 친척 중 한 사람이 목포에서 제주를 오가는 연락선의 식당보조원으로 근무했기에 그를 졸라 배를 탄 것이다.
　“형, 나도 마도로스가 되고 싶어.”
　“그래? 그러면 내가 근무하는 연락선에 한 번 와볼래?”
　그 역시 아무 생각 없이 내뱉은 말이었지만, 어린 나는 그 한 마디에 마음을 졸이며 무작정 배에 올라탔다.
　형이 일하는 구내식당은 검게 그을린 국자 식판, 알루미늄 솥단지와 국그릇, 수저통 등이 놓여 있는 곳이었다. 나는 난생 처음 보는 물건들이 무척 신기해서 가까이서 그것들을 만져보고 또 만져보았다.

　출항시간은 저녁 7시였다. 선원들은 분주하게 움직이며 배에 짐을 실고 있었다. 기름차가 와서 연료를 채우고, 음식물을 실은 트럭이 도착해 부식이 차곡차곡 배에 실렸다. 출항시간이 다가오자 형은 내게 "배 식당 창고에 숨어 있어" 하고 나를 몰래 숨겨주었다.

둥 하는 뱃고동소리와 함께 배는 목포항을 밀어내며 제주도로 출항했다. 어느덧 삼학도를 지나 유달산이 멀리 보이는 다도해를 지나고 있었다. 등대 불의 반짝이는 불빛, 배를 삼킬 듯 넘실대며 일어서는 거친 파도, 심장을 쿵쾅거리게 만드는 엔진소리에 나는 정신이 아득해졌다.

갑판원이 뱃머리를 돌리며 문을 밖에서 잠갔다. 나는 꼼짝 없이 식당 창고에 갇혀버린 셈이었다. 이순신 장군이 승전한 진도 우수영을 지나 울돌목 바다 근처를 지날 무렵, 배가 파도에 이리저리 휩쓸리며 요동치기 시작했다. 갑자기 멀미가 나기 시작하더니 격심한 구토에 시달렸다.

아침에 먹었던 음식물을 토하고, 뱃속에 있는 물 한 방울까지 쥐어짜내자 누에고치 허물처럼 내 속에 아무것도 남지 않은 것 같았다. 정신을 잃었다 깨어나길 여러 번. 어느덧 고요해진 배는 동틀 무렵 제주도 선착장에 닿아 있었다. 여객선이 부두에 닿자 배는 닻을 내리고 정박했다. 승객들이 내리는 동안 하역 노동자들은 부지런히 짐을 옮겼다. 활력이 넘치는 부둣가의 풍경이었다.

식당 창고에서 한참을 웅크리고 있자니 밖에서 철커덕 하고 문 열리는 소리가 들렸다. 형은 뒤늦게 나를 발견하고 미안했는지, 선착장 근처의 식당으로 나를 데리고 갔다.

"배고프지? 하여간 너도 참 대단하다. 무슨 정신으로 뱃일을 하겠다고 나서는 거야."

형은 '똥돼지 국밥'이라 불리는 음식을 시켜놓고 한참을 떠들어댔다. 보통 돼지는 축사에서 기르면서 사료로 먹이는데 당시 제주도에서는 화장실에서 돼지를 길렀다. 구덩이를 깊게 판 다음 돌로 만든 바윗돌을 양쪽에 놓고 사람이 변을 보면 돼지가 똥을 받아먹는 것이다. 그런 말을 듣고 나니 도저히 국밥이 목구멍으로 넘어가지 않았다.

"형은 왜 뱃일을 하는 거야?"

나는 배에서 일하는 형이 멋스러움과는 동떨어져 있다는 것, 마도로스의 생활에 낭만은 없다는 사실을 깨달았다. 형은 별걸 다 물어본다는 말투로 내게 대답했다.

"먹고 살려고 하는 거지 인마. 마도로스 별 거 없다. 이거만 먹고 얼른 집에 돌아가."

형은 나를 친척집에 며칠 보낸 뒤 다시 배를 타고 훌쩍 떠나버렸다. 제주도에 남겨진 나는 한동안 시내를 구경하며 해녀들의 모습과 제주의 아름다운 풍경을 감상할 수 있었다. 당시 해녀들은 잠수복도 없이 바다 밑에 잠겼고, 바가지만한 전복을 건져 올리고 쾌재를 부르곤 했다.

제주 항구는 방파제를 만드는 항만공사가 한창이었다. 도로가 좁고 험한 서귀포는 가는 데만도 하루 종일이 걸렸다. 때는 5·16 군사혁명, 제주도와 서귀포 간 도로가 만들어지고 있었고 국토 건설단이 노역으로 공사를 담당하고 있었다. 어린 내게 가장 인상 깊게 느껴졌던 건 감귤 농장이었다. 그때만 해도 감귤나무 하나면 자식을 대학까지 보낸다는 말이 있었다. 부가가치가 높은 제주의 명물을 직접 보며 꽤나 감탄했던 기억이 난다.

며칠 뒤 집으로 돌아온 나는 마도로스의 꿈이 한갓 철없는 시절의 환상이었음을 알게 되었다. 만약 그때 배를 탔더라면 아내도 만나지 못했을 것이고, 예수를 알지도 못한 채 짧은 생을 마감했을 것이다. 감귤나무를 바라보던 순간에도 주님은 나와 함께 계셨을 것이다. 그리고 내 순간순간의 생각과 결심을 통해, 선택의 선택을 거듭해서 하나님께서는 오늘에까지 나를 이끌어주셨다.

앞으로는 주님이 다시 오실 때까지 나의 십자가를 지고 믿음의 선한 싸움을 마치리라고 마음속으로 다짐한다. 주님께서 나에게 "용현아, 이 세상에서 내가 준 달란트를 가지고 무엇을 했느냐"고 물었을 때, "주님, 보시옵소서. 북방선교와 땅 끝까지 복음을 전하는 데 협력했나이다"라고 대답할 수 있기를 간절히 기도한다.

내가 선한 싸움을 싸우고 나의 달려갈 길을 마치고 믿음을 지켰으니. 이제 후로는 나를 위하여 의의 면류관이 예비되었으므로 주 곧 의로우신 재판장이 그날에 내게 주실 것이니 내게만 아니라 주의 나타나심을 사모하는 모든 자에게니라.(디모데후서 4:7~8)

철물점 사장의 꿈을 품은 소년

마도로스의 꿈을 접은 뒤 나는 성공한 사업가를 동경하기 시작했다. 가출에서 돌아온 뒤부터 나는 학교에 가지 않겠다고 결심했다. 아버지께서는 최소한 중학교는 나와야 한다고 하셨지만, 나는 장사를 배우고 싶었다. 서울에서 눈요기로 본 것들이 생각을 틔우는 계기가 되었을 수도 있다. 어린 나이였지만 일을 해서 돈을 벌 수 있다는 확신이 있었고, 또래 어느 누구보다 일을 잘할 자신이 있었다.

친구들이 까까머리를 하고 중학교에 다니던 15살 무렵, 나는 목포에서 가장 큰 '태천철물'이라는 도매상에 취직을 했다. 당시만 해도 철물점은 꽤 수입이 쏠쏠한 장사였다. 나는 철물점에서 일을 배우면 어떤 일을 하든지 성공할 수 있을 거라 생각했다.

사장님은 덩치는 제법 있지만 아직 풋내기인 나를 사환으로 써주셨다. 당시 철물점에는 나 외에도 직원들이 몇 명 더 있었는데 나이는 모두 나보다 많았다. 나는 형들의 수발을 거들며 아침저녁으로 철물점을 쓸고 닦는 일부터 시작했다.

"야, 네가 그렇게 싸움을 잘한다며?"
"너 형들 말 잘 들으면 장사 금방 가르쳐준다."

형들은 주로 물건 배달을 거나 가게 물건 정리하는 일을 맡았다.

형들이 사장님 몰래 돈을 빼돌린다는 건 공공연한 비밀이었다. 배달을 다녀오면 금고에 넣기 전 잔돈을 얼마 빼내는 것이었다. 아마 적은 돈이기 때문에 사장님이 모를 것이라고 생각한 모양이었다. 형들은 빼돌린 돈으로 당구를 치거나 술을 마셨는데, 나는 일부러 다른 핑계를 대고 그 자리에 끼지 않았다. 어린 마음에도 불의한 돈을 함부로 써서는 안 된다는 자각이 있었다.

가끔 청소를 하다가 바닥에 떨어진 돈을 주울 때도 있었는데, 역시 돈을 주워 고스란히 금고에 가져다 넣었다. 청소하는 도중 돈을 주웠던 경험은 이후에도 여러 번 더 있었다. 사장님이 나를 시험해보기 위해 일부러 돈을 흘리셨던 게 아닐까싶다.

사장님은 불행하고 험난했던 시절을 거쳐 일본인에게 장사를 배워 성공한 사업가였다. 돈을 벌기 위해 도덕과 체면을 버리고 뛰어드는 것이 아니라, 원칙과 신뢰를 믿고 장사를 해 부를 축적한 '청렴한 사업가'였던 셈이다. 사장님의 삶의 목표였던 정직과 신뢰, 친절과 사랑의 모습은 당시 나에게도 큰 감동을 주어 본보기가 되었다.

철물점에서 일한지 6개월 만에 배달을 나가게 되었다. 당시 사장님은 내게 장부 정리를 맡길 정도로 나를 신뢰하고 있었다. 한 번은 자전거로 배달을 나갔다가 미끄러져 앞바퀴가 망가진 적이 있었다. 여럿이 함께 쓰는 한 대뿐인 자전거를 망가뜨렸으니 수습이 급선무였다. 급한대로 집에 가서 아버지께 사실을 말하고 자전거를 수리해 철물점에 가져갔다. 그런데 사장님이 수리된 자전거를 보더니 대뜸 내게 화를 냈다.

"용현아, 사고 난 자전거를 어디에서 수리한 거니?"
"아버지에게 말했더니 고쳐주셨어요."
"어째서 나에게 먼저 말하지 않은 거지?"
"그야 …. 제 실수로 자전거가 망가졌으니까요."

사장님은 직원의 실수는 사장이 책임지는 거라면서 아버지에게 자전거 수리비를 돌려주셨다. 당시 나는 형들보다 많은 20~30kg 분량의 물건을 배달했는데, 사장님 눈에는 그게 예뻐 보였던 것이다. 그 일이 있은 후 사장님은 형들보다 나를 더욱 우대하며, 철물점의 다른 중요한 업무를 맡겨주셨다. 형들 눈에는 그런 내가 곱게 보이지 않았을 것이다.

내가 철물점에 다니는 동안 아버지는 새로운 사람을 만났다. 가끔 집에 들르면 파격적인 커트 머리에 단정한 가죽 장갑을 끼고 새침하게 웃던 미모의 여인이 나를 반겨주었다.
"네가 용현이니?"
"아줌마는 누구세요?"
"아줌마라니. 앞으로 네 새엄마가 될지도 모르는데, 호호."
새엄마라는 말에 내 눈이 휘둥그렇게 변했다. 돌아가신 엄마보다 10

살은 더 젊어 보이는 여자가 내 엄마라니. 나는 아버지와 아줌마의 얼굴을 번갈아 쳐다보았다. 부두노동자였던 아버지는 훤칠한 키에 외모가 잘 생겨서 여자들에게 인기가 많았다. 내가 떨떠름한 기색을 보이자 아버지는 "그렇게 될 수도 있다는 거지. 당장은 아니야. 엄마라고 안 불러도 돼"라고 내 등을 두들겨주었다.

이후에도 아줌마는 종종 철물점에서 나를 불러내 맛있는 걸 사주거나, 손에 용돈을 쥐어주곤 했다. 너무 친절하고 사근사근해서 엄마라기보다 막내 이모 같다는 느낌이 더 많았다. 한 번은 빵집에서 아줌마를 만난 김에 아버지를 왜 좋아하느냐고 물어보았다.

"다정다감하고, 또 성실하고…너처럼 예쁜 아들도 있으니 얼마나 좋으니? 아줌마가 엄마 되는 게 싫어?"

나는 고개를 저었다. 아줌마는 아버지와 결혼할 마음은 없다고 했다. 그냥 지금처럼 지내면서 가족처럼 지내면 좋지 않겠냐는 거였다.

'그럼 아줌마를 뭐라고 불러야 해? 엄마야, 아줌마야?'

나는 혼자 그런 고민을 했다. 엄마라고 하기엔 너무 젊고, 아줌마라고 하기엔 아버지가 거슬렸다. 나는 어린 마음에 그저 "이모"라고 부르기로 했다. 아버지는 내가 아줌마를 부르는 호칭은 별로 개의치 않으셨다. 아줌마는 아버지더러 "여보"라는 말을 서슴없이 했다. 아버지 또한 어머니를 생전에 불렀던 것처럼 "당신", "여보"라고 불렀다. 다른 건 다 괜찮았는데 그 호칭만은 내 귀에 거슬렸다. '여보'라는 말만은 어쩐지 돌아가신 어머니와 아버지 사이에서만 쓸 수 있는 신성한 말이라고 여겨졌던 것이다.

두 번째 가출

　내가 사장님을 따랐던 이유는 그가 성공한 사업가였기 때문만은 아니다. 사장님은 상인 누구에게나 호감을 주는 '스타'였다. 돈을 워낙 잘 쓰기도 했지만, 다른 사람의 마음을 사로잡아 제 뜻을 관철시키는 능력이 남달랐다. 한 마디로 사업가 기질을 타고난 사람이었다. 그런 사장님을 보고 있자니 내 안에 도전정신이 조금씩 꿈틀거리기 시작했다. 그대로 철물점에서 일하면 가게를 물려받을 수도 있었겠지만 나는 조금도 기다릴 수 없었다.

　아버지는 성실한 사환으로 인정받던 아들이 또 가출할 거라곤 짐작도 못했을 것이다. 사고뭉치 아들이 철물점 사장에게 인정을 받고, 나름대로 돈도 벌고 있으니 그제야 한시름 놓았을지도 모른다. 하지만 당시 내 목표는 하루빨리 유명한 사업가가 되는 것이었다. 아버지의 심정을 헤아릴 리 만무했다.

　'이건 가출이 아냐. 말은 제주도로, 사람은 서울로 보내라고 했는데 언제까지 목포에서 배달이나 하고 있어야 해?'

　여전히 수중에 돈은 없었다. 난봉꾼 기질로 친구들 대신 술값을 내거나 도박판에 기웃거리며 월급을 한 푼도 못 모았던 것이다. 나는 난생 처음으로 아버지 지갑에 손을 댔다. 당시 아버지가 쌀을 사라며 맡기셨던 돈까지 합쳐 20~30만 원의 돈을 훔쳐서 기차역으로 향했다.

차창 밖에 멀어져가는 고향 풍경을 바라보며 나는 아버지를 떠올렸다.

'새엄마도 있으니 외롭진 않으실 거야. 나중에 돈을 많이 벌어서 성공하면 지금 내 선택이 옳았음을 인정해주시겠지.'

내 나이 18살, 6년 전 가출할 때와 달리 내 마음속엔 고철 중개상인이 되어 성공하리란 확신이 있었다. 밤차를 타고 서울로 향하면서 나는 성공하기 전엔 절대로 고향에 돌아오지 않으리라 굳게 결심했다.

밤늦게 도착한 서울역은 달라진 게 없었다. 누구도 서로의 삶에 관여하지 않는 쓸쓸한 거리에서 나는 홀로 남겨졌다. 하지만 내 마음은 처음 가출했을 때와 달리 '돈을 벌어 성공하겠다' 는 뚜렷한 각오를 한 상태였다.

조촐한 짐이 담긴 가방을 든 채 광장에 나섰을 때 누군가 내 팔꿈치를 끌어당겼다.

"예수님을 믿으세요. 정처 없이 떠도는 당신의 삶에 한 줄기 희망의 빛이 비출 것입니다." 내 아버지뻘 되어 보이는 남자가 내 손을 꼭 잡고 하얀 전단지를 건넸다. 그는 성경책들 들고 있었지만, 한 눈에도 목사님처럼 보였다. 코가 큰 외국인 선교사는 거리에서 사람들에게 큰 목소리로 외치고 있었다.

"하나님이 세상을 이처럼 사랑하사. 독생자를 주셨으니 이는 저를 믿는 자마다 멸망치 않고 영생을 얻게 하려 하심이니라." (요한복음

3:16)

거리를 지나는 어느 한 사람도 그 말에 관심을 기울이지 않았다. 하지만 선교사는 마치 눈에 보이지 않는 누군가와 대화를 하듯 성경책을 높이 치켜들고 말씀을 선포했다. 어둔 밤이었음에도 그의 얼굴은 은은하게 빛나고 있었고, 기쁨에 젖은 표정을 감출 수 없다는 듯 만면에 미소를 띠고 있었다.

"외국 사람을 처음 봤나 봐요?"

내 팔을 잡아 끈 목사님은 따뜻한 커피 한 잔을 내밀면서 말을 걸었다. 그는 내 행색을 죽 훑어보더니 갑자기 내 손을 잡고 기도를 하기 시작했다. 어리둥절해서 서 있는 내게 목사님은 "가출했느냐"고 물었다. 그렇다고 대답했더니 "교회 나간 적 있느냐"고 되물었다.

"교회에 나간 적은 있지만 13살 이후로는 교회에 가지 않았어요."

나는 솔직하게 대답했다.

"학생 나이 때 나도 가출을 해본 적이 있어요."

목사님은 자신이 서울에서 알아주는 건달이었다고 얘기해주었다. 주먹을 꽤 잘 써서 폭력조직에 가입하라는 권유를 받았지만, 20살 때 하나님을 만난 이후 목회자의 길로 들어섰다는 것이다.

"학생을 보니 예전 내 모습이 생각나네요. 동네에서 싸움 잘하죠?"

"그걸 어떻게…"

"하하, 꾼은 꾼을 알아본다고 하지요. 하지만 저는 예수님을 영접한 이후로 건달을 그만두었습니다."

"목사님, 저는 사업을 해서 성공하고 싶어요. 그래서 목포에서 무작정 밤기차를 타고 서울에 온 거예요."

"하나님은 형제님을 사랑하십니다. 그 앞길의 계획이야 나는 알 수 없지만, 주님은 형제님의 마음속 계획을 훤히 다 알고 계세요. 그러니 먼저 하나님을 믿고, 예수의 이름으로 구원을 얻으세요."

목사님을 보고 있으니 예전 주일학교에서 나를 반겨주던 목사님의 얼굴이 떠올랐다. 나를 '깡패' 라고 부르면서 아껴주던 분, 마치 또 다른 내 아버지 같은 분… 목사님은 항상 "구원을 받으려거든 예수님을 꼭 믿어야 한다"고 말씀하시곤 했다.

"목사님, 저도 구원을 받을 수 있나요?"

나는 여전히 내 손을 꼭 붙잡고 있는 목사님에게 물었다.

"그럼요. 형제님이 예수님을 구세주로 믿어 구원의 확신만 있다면."

목사님은 내 영혼의 구원과 미래를 위해 오랫동안 기도해주었다. 목사님이 기도하는 내내 나는 심장이 쿵쾅거리면서 말로 표현할 수 없는 흥분을 느꼈다. 성령 충만이나 세례의 의미도 몰랐지만, 마치 눈앞에서 예수님을 만난 것처럼 가슴이 설레었던 것이다.

'나는, 너를 사랑한다. 나는 네 죄를 사하기 위해 십자가에 달렸다!'

목사님이 기도하시는 순간, 내 가슴 속에서 잠자던 누군가가 그 말을 크게 외치고 있었다. 그 분은 바로 철부지 주일학교 시절, 예배시간에 나에게 찾아와 말을 걸어주신 성령님이었다! 돌이켜보면 성령의 의미를 몰랐을 때조차 나는 늘 성령의 임재를 의식하고 있었다. 밖에선 망나니처럼 온갖 못된 짓을 일삼았지만, 교회에 가면 나도 모르게 순한 양이 되었던 이유는 모두 성령님과의 교제 때문이었다.

두 번째 서울역 광장 앞에 도착했던 그날, 나는 목사님을 통해 나를 인도하고 계신 주님의 미세한 음성을 감지할 수 있었다. 가진 것이라곤 몸뚱이밖에 없던 내가 그토록 담대함을 갖고 나아갈 수 있었던 힘은 바로 나를 인도하시는 하나님을 향한 굳건한 믿음 때문이었던 것이다.

오징어잡이 배에서 죽을 고비를 넘기다

서울 생활은 결코 호락호락하지 않았다. 무엇이든 장사를 해보리라 결심했지만, 아직 코흘리개인 내게 일을 맡기는 사람은 없었다. 나는 어렵게 얻은 세탁소 배달직도 한 달 만에 걷어치우고, 무기력한 심정으로 하루하루를 보내고 있었다.

그때 서울역에서 구걸을 하던 동갑내기 친구에게 "강원도에서 고철 중개업을 하면 돈을 벌 수 있다"는 말을 들었다. 전쟁 때 버려진 고철을 주워서 비싼 값에 되팔면 수입이 짭짤하단 얘기였다. 나는 철물점에서 일한 경험도 있었기에 '이거다' 싶었다. 서울 생활에 진력도 났던 터라 망설임 없이 밤기차를 타고 강원도로 향했다.

처음 몇 달 동안은 동해안 묵호에서 오징어 배를 탔다. 선주가 어부들에게 자리를 내주면 당일 수확한 오징어의 얼마를 자릿세로 내는 식이었다. 하루에 많게는 100여 마리에 가까운 오징어를 잡으면서 나는 꽤 많은 돈을 만질 수 있었다.

어리석게 도박에 본격적으로 손을 대기 시작한 것도 그 무렵이다. 일확천금에 대한 환상으로 부풀었던 나는 오징어잡이로 번 돈을 도박판에서 모두 탕진했다. 호기롭게 백만 원을 호가하는 시계를 사기도 했고, 오징어를 잡는 친구들과 술판을 벌이기도 했다. 술값은 모두 내가 계산했다. 씀씀이로만 보면 나는 누가 봐도 성공한 사업가였다.

그러나 밑 빠진 독에 물 붓듯 돈을 쓰던 그 시기는 나에게 결코 득이 되지 못했다. 엄청난 체력과 정신력을 요구하는 오징어잡이 생활은 내 심신을 피폐하게 했다. 오징어를 판돈으로 밤을 새가며 도박하는 생활을 그 누가 상상이나 할까. 결국 배를 탄 지 두 달 만에 사고가 터지고 말았다.

한 날은 불을 밝힌 채 그물을 던지고 있는데 바다의 풍랑이 제법 거셌다. 갑판장은 오징어가 가장 잘 잡히는 곳에 닻을 내렸다. 나와 함께 배를 탄 5명은 저마다 낚시통을 던졌다 끌어올리기를 반복하며 오징어잡이에 열중하고 있었다.

"어이, 김군!"

누군가 부르는 소리에 고개를 돌리려던 나는 거센 풍랑에 중심을 잃고 바다에 빠지고 말았다. 순식간에 일어난 일이었다. 수영을 못했던 터라 허우적대면서 바다에 가라앉았다 떠오르기를 반복했다. 동료들이 끄집어 올리려고 손을 뻗었지만 쉽사리 건져내질 못했다. 이때 상황을 지켜보던 갑판장이 물속으로 뛰어들더니 내 목을 끌어안았다. 생사가 엇갈리는 일촉즉발의 위기에서 갑판장이 나를 구한 것이다.

"이봐, 정신 차려! 내가 누군지 알겠어?"

갑판장은 내 뺨을 몇 번 때리면서 내 의식을 확인했다. 내가 눈을 뜨자 갑판장도 안도의 한숨을 쉬었다. 정신이 아득했지만 죽음의 바다에서 목숨을 부지했다는 사실을 깨달았다. 나는 배에 누운 채 엉엉 울음을 터뜨렸다. 동료들은 운이 좋았다면서 "액땜한 셈 치라"고 위로했다. 갑판장은 사람이 죽으면 재수가 없다면서 즉시 배를 돌려 철수했다.

여호와여 주께서 내 영혼을 음부에서 끌어내 나를 살리사 무덤으로 내려가지 않게 하셨나이다.(시편 30: 3)

지금도 나는 시편 말씀을 묵상하면서 이때의 일을 떠올리곤 한다. 아버지를 속이고 상경해 도박으로 삶을 탕진하던 나, 과거에 대한 후회도 미래에 대한 희망도 없던 나를 하나님은 불쌍히 여기셨다. 요나와 같이 방황하며 하나님의 뜻을 깨닫지 못한 내게 주님은 갑판장의 마음을 움직여 삶의 기회를 주고 싶어 하셨다.

그 일이 있은 후 몇 년 뒤, 고마움을 표시하기 위해 갑판장을 찾아갔지만 누구도 그의 행방을 모른다 하였다. 어쩌면, 그는 당시 하나님께서 나를 구원하시기 위해 보내주신 천사는 아니었을까. 사막에서 기진한 엘리야에게 떡과 물을 주었던 천사처럼 말이다.

양구에서 제일가는 고물상

오징어잡이 생활을 정리한 뒤 낚시 장비를 팔아 차비를 마련했다. 수중에 남은 돈은 얼마 되지 않았다. 내 욕심대로 놀고먹느라 돈을 날렸지만 좀 억울한 심정도 들었다. 묵호를 뜨기 전, 제대로 한 탕 해보리라는 생각에 다시 도박판을 찾아갔다. 밑져야 본전이라는 생각이었지만 게임이 거듭될수록 욕심이 고개를 들었다.

나를 제외한 일행이 짜고 치는 고스톱이었다. 순진한 나는 남은 시계마저 팔아치우고 차비마저 고스란히 털렸다. 거듭된 패배로 이성을 잃어버린 나는 도박판을 뒤엎고 방구석에 있는 요강을 부숴버렸다.

"이 자식들이 누굴 바보로 아나. 좋게 말할 때 차비는 돌려줘라"

내가 제정신이 아닌 눈빛으로 반 협박을 하자, 일행 중 하나가 시계와 차비를 내놓았다. 나는 허탈한 심정으로 돈을 받아들고 여인숙에서 술을 마셨다. 밀린 숙박비로 시계를 주고 나니 수중에는 그야말로 차비만 남았다. '양구에 가면 돈을 벌 수 있다'는 서울 친구의 말이 뒤늦게 떠올랐다.

'내가 어쩌자고 여기서 방황하고 있는 거지? 내 꿈은 고물상을 해서 성공하는 거였는데…'

양구로 향하는 버스 안에서 외로움에 혼자 눈물을 흘렸다. 나는 여전히 의지할 곳 없이 방황하는 처지였다. 아버지가 보고 싶었고, 고향으로 돌아가고 싶은 마음이 굴뚝같았지만 이를 악물었다. 성공하기 전엔 돌아가지 않으리라 마음에 결심을 새겨둔 터였다.

"고철, 신주 고물 사려! 고물 사려!"

양구에 도착한 이후 한동안 고물상인만 쫓아다녔다. 고물장사를 하려면 어떻게 해야 하는지 궁금했고, 어떤 식으로 장사를 하는지도 알고 싶었다. 어린 내가 행상을 기웃거리면 고물 장수들은 별놈 다 보겠다는 얼굴로 "너도 고물 팔게?" 하고 물었다.

나는 한 고물장수에게 고물을 팔려면 면허가 있어야 한다는 정보를 얻었다. 그의 소개로 당시 양구에서 꽤 잘나가는 고물상인 한 사람을 만날 수 있었다. 경찰관 출신인 이성택씨는 나에게 사환으로 일할 것을 제의하며, 고물상 면허도 따게 해주겠다고 약속했다.

지금은 어떤지 모르겠지만, 그때만 해도 고물상은 무역상인 못지않게 큰돈을 벌 수 있었다. 고물상에 들어온 물건 중에는 장물이 많았고, 더러는 군부대에서 유출된 탄피 따위의 부속물들도 끼어 있었다.

나는 사장님의 도움으로 고물행상 면허증을 따고 고물 중개업도 시작했다. 고물상에서 일한 지 6개월 만의 일이었다. 양구군의 정식 고물행상 1호인 나는 철물점에서 일했던 경험을 바탕으로 장사수완을 발휘해 돈을 벌었다. 당시 흔치 않았던 물건인 음파탐지기나 고철탐지기 같은 기계를 취급하며 양구에서 제법 유명한 고물 상인으로 이름날 수 있었다.

고물장사로 부자가 될 수 있었던 이유

목포에서 서울로, 서울에서 묵호로, 춘천을 거쳐 나는 비로소 양구에 자리 잡게 되었다. 평생 떠돌이처럼 살 것 같던 내가 주변에서 '사장님'이라 불리면서 출세를 한 것이다. 격세지감이었다. 당시엔 은행이 없어서 돈을 마대자루에 넣고 다녔는데, 어깨에 짊어 메면 쌀 한가마니처럼 묵직할 정도로 돈을 많이 벌던 시기였다.

내가 그 시절 돈을 그렇게 모을 수 있었던 비결이 딱 하나 있었다. 바로 저울을 속이는 것이다. 장사수완도 수완이었지만 저울추를 속여 팔면 같은 물건도 상당한 이윤을 남기고 팔 수 있었다. 물론 사는 사람 입장에선 그 사실을 까마득하게 모른다. 요즘 같으면 상상도 할 수 없는 일이지만 그때는 그렇게 속여 파는 것이 고물장수들 간의 암묵적 합의였다.

초보 고물상 주인인 내게 위기 때마다 큰 도움을 준 사람이 바로 양구장로교회 김종환 장로였다. 장로님은 당시 양구에서 가장 청렴한 부자로 소문난 분이었는데, 고철탐지기를 직접 만들어낼 정도로 기술이 좋았다. 그때 나는 '다라' 라고 불리던 고무 그릇을 팔곤 했는데, 김종환 장로님을 통해 고철을 본격적으로 다루는 법을 배웠다.

장로님은 내가 양구에서 자리를 잡을 수 있도록 여러 방면으로 도와주셨다. 내가 수집한 고물을 하나하나 분류하면서, 가치가 뛰어난 것과 그렇지 않은 것을 구별해주셨다. 그때만 해도 그저 눈에 좋아 보이면 닥치는 대로 수집했던 나는 장로님을 통해 무겁기만 하고 쓸모없는 고물이 무엇인지 식별하는 '눈' 을 갖게 된 것이다.

"저울을 속여 팔면 당장은 돈을 벌 수 있겠지만 신뢰를 얻을 순 없는 거야."

장로님은 고물상이라면 누구나 관행처럼 여겼던 속임수를 멀리하셨다.

"다들 그렇게 팔잖아요. 누가 뭐라고 하는 것도 아닌데 왜 안 돼요?"

"모르는 게 아냐. 알면서 눈 감아 주는 거지. 자네는 그저 양구에서 하루 벌어 하루 먹고 사는 날품팔이 같은 장사꾼이 되고 싶은가?"

장로님은 사업을 하기 위해선 큰 꿈을 품어야 하고, 사람을 귀하게 여길 줄 아는 사람이 성공한다고 일러주었다.

고물상을 시작한 지 몇 해가 지났을 무렵, 장로님께서 나를 조용히 불러서 이렇게 당부하셨다.

"고물의 시대는 저물 거야. 라디오나 TV 같은 가전제품을 찾는 사람들이 많아질 테니 전파상을 해보게."

나는 장로님에게 각종 가전제품을 수리하는 법을 배웠다. 고물상보다 돈을 더 많이 벌 수 있다는 말에 전파상을 새로 시작했지만 처음엔 신통치 않았다. 이제 막 전파상의 인기가 높아지고 있었던 때라, 한 동네에서도 전파상이 서너 군데나 되어 경쟁이 치열했다. 아무리 생각해도 전파상으론 사업에 승산이 없을 것 같았던 난 개업 6개월 만에 다시 고물상을 차리게 되었다.

도박으로 방탕의 시기를 보내다

나는 고물을 있는 그대로 팔지 않고, 나름의 개조를 통해 물건의 가치를 더욱 높였다. 탄피를 녹여서 솥단지를 만들고, 질 좋은 깡통을 철판으로 만들어 미제보다 비싸게 팔아먹었다. 김종환 장로님에게 배운 것에 나만의 노하우를 곁들여 장사를 했던 것이다.

돈은 필경 사람을 교만하게 한다. 특히 나란 사람은 돈을 많이 벌었다고 순순히 살 주제가 못되었다. 묵호에서의 뼈아픈 경험에도 불구하고 나는 또 다시 도박에 손을 대기 시작했다. 한 손에는 술병, 다른 한 손에는 담배를 들고 사내들의 도박판을 기웃거렸다.

게다가 나는 둘째가라면 서러운 골초였다. 다행인 것은 막 돼먹은 생활 속에서도 술집 여성들과 호색하지는 않았다는 점이다. 아마 여자 문제가 꼬이면 내 인생이 진창 속에 빠진다는 걸 아신 주님께서 사전에 막아주셨기 때문이리라.

방탕에 방탕을 거듭하는 일상 속에서 내 심신은 한없이 세속에 찌들어갔다. 양구에선 돈깨나 버는 사람이라고 소문이 퍼져 어디를 가도 나를 함부로 대하지 못했다. "김 사장님"하고 알랑방귀를 끼며 들러붙은 사람들이 한 트럭은 되었다.

그러나 아무리 물리쳐도 도박 친구들만은 끊을 수가 없었다. 나는 온종일 인상을 쓰고 다니다가도 화투장만 보면 막대사탕을 본 아이마냥 화색이 돌았다. 남 속여먹기 좋아하는 사장들과 한통속이 되어 내일은 없다는 듯 화투를 치는 방탕한 생활은 한동안 계속되었다.

그러던 어느 날 또 한 번 사건이 터졌다. 꼭 불행한 일은 비 오고 장사 안 되는 날에 터지는 법이다. 일하기 싫은 친구들이 한 집에 모여 판을 깔고, 내기 화투를 치자고 유혹을 해왔다. 스무 장의 화투로 벌이는 '섰다' 한 판! 타고난 승부사인 나로서는 판돈이 크게 걸린 노름

판을 거절할 이유가 없었다.

가져간 얼마 안 되는 돈을 모두 잃고 나서 친구 녀석을 찾아갔다.

"너 돈 좀 있냐? 내가 지금 완전히 꼴아가지고 말이야. 열통 터져서 안 되겠다!"

후안무치한 나는 이제 막 결혼한 친구한테 그의 아내가 보는 앞에서 다짜고짜 돈을 달라고 재촉했다. 그는 비상금 10만 원을 어렵게 털어 내 손에 쥐어주었다. "꼭 갚겠다"고 몇 번을 다짐한 뒤 다시 노름판에 합류했다.

그쯤에서 그만두었다면 상황이 더 악화되진 않았을 것이다. 오기와 욕심만 있었던 나는 연거푸 돈을 잃고서 급기야 또 이성을 잃고 말았다. 장소를 제공한 선술집 주인의 남편이 옆에서 계속 훈수를 두면서 내 성질을 건드렸다. 출구를 찾던 내 분노가 거기서 폭발해버렸다. 순간적으로 그의 얼굴을 가격한 나는 방안에 있던 쇠뭉치로 그의 얼굴을 향했다. '퍽' 하는 소리와 함께 피가 터져 나왔다. 이를 지켜본 이들이 비명을 지르면서 방안은 순간 아수장이 되었다.

"신고할 테면 해! 더러운 자식. 다음에 또 그런 말하면 죽여 버릴 테다!"

나는 억누르는 화를 참지 못해 씩씩거리면서도 쇠뭉치 든 손을 부들부들 떨고 있었다. 나조차 몰랐던 내안의 폭력성이 분출되었던 것이다. 그는 계속 피를 흘리면서도 웃고 있었다. 나는 그를 내버려둔 채 술

집을 빠져 나와 집으로 돌아왔다. 사과를 하고 싶은 마음은 추호도 없었다. 그 역시 나를 경찰에 신고하지 않았다. 아마도 경찰에 신고하면 내가 더 큰 보복을 할까 두려웠기 때문이었을 것이다.

그 일로 인해 나는 한동안 도박을 하지 않았지만, 도박을 완전히 끊을 수는 없었다. 나로선 내 공허한 삶을 보상해줄 만한 무엇인가가 필요했고, 도박을 함으로써 상대방을 굴복시키겠다는 그릇된 마음을 갖고 있었다.

헌병파견대 대장과의 목숨을 건 도박

도박 경력이 쌓이자 어지간한 상대는 성에 차지 않았다. 고물행상으로 돈을 충분히 벌고 있었지만, 도박에서 돈 이상의 짜릿함과 희열을 맛볼 수 있었기 때문이다.

우리 동네에는 도박 하면 떠오르는 인물이 세 명 있었다. 나와 유명한 건달인 철구, 그리고 또 한 사람이 헌병파견대 대장이었다. 헌병파견대 대장은 근무시간에도 툭하면 친구들을 불러 모아 부대 근처 상가집에서 화투를 쳤다. 당시 들리던 풍문에 의하면, 부대의 공금에 손을 대 감옥살이를 하고 나왔다는 얘기도 있었다.

도박에 일단 한 번 맛을 들인 사람은 자신과 실력이 비슷한 사람과 겨뤄보고 싶은 심리가 있는 법이다. 철구라는 친구와는 매일 밤 상대방이 정한 액수를 지정해놓고 도박을 하곤 했다. 철구는 이미 그 동네에서 내로라하는 도박꾼이었지만 나와는 상대가 되지 않았다. 열 판을 벌이면 그중 일곱 여덟 판을 내가 따곤 했다.

하루는 여느 날처럼 철구와 도박을 벌이고 있는데 밖에서 문을 두드리는 소리가 들렸다. 철구는 나를 힐끗 보더니 "드디어 오셨군" 하고 문을 열어주었다. 문을 열고 들어선 사람은 제복을 입은 헌병파견대 대장이었다. 나와 도박에서 매번 지기만 했던 철구가 그를 직접 부른 것이다.

그는 한 눈에도 풍채가 날렵하고 눈매가 매서웠다. '진짜 도박꾼'의 외모라는 게 있다면 딱 그런 인상일 것 같았다. 그는 자신과 땡으로 한판 붙어 도박의 일인자를 가리자고 제안해왔다. 허리에 총까지 차고 온 그는 주머니에서 지폐를 다발로 꺼내더니 아주 작심한 듯 내 앞자리를 마주하고 앉았다.

"겁나면 빠져도 되고."

철구는 그 상황이 웃긴지 연신 헤죽거리면서 내 눈치를 살폈다. 하지만 그 당시 나 또한 도박으로 승승장구하던 터라 거절할 이유는 없었다. 저녁을 일찌감치 먹고 판을 벌인 우리는 새벽 늦은 시간까지 아슬아슬한 승부를 벌였다.

승부가 막판으로 접어들자 승세를 잡은 내가 돈을 따기 시작했다. 헌병파견대 대장 역시 기세가 내 쪽으로 넘어오는 걸 눈치 챘는지 담배를 피워대면서 초조한 기색이 역력했다.

"인사계 보고 돈 좀 가져오라고 해."

수중에 있는 돈이 바닥을 보이자 그는 웃옷을 벗기 시작했다. 허리에 찬 권총을 빼더니 테이블에 올려놓고 나를 노려보기 시작했다. 끝장을 보겠다는 눈빛이었다.

권총엔 실탄이 장전되어 있어 여차하면 무슨 사고가 생길지 누구도 예측할 수 없었다. 그가 권총을 가져온 건 필시 나를 겁주겠다는 의도에서였다. 하지만 나 역시 그가 조금도 두렵지 않았다.

'내가 인마, 쇠뭉치로 남의 이마도 깐 놈이야. 네까짓 게 권총 들이밀어 봤자 누가 겁먹을 줄 알고?'

혈기방장했던 나는 세상에 두려울 것이 없었다. 어차피 그와 한 번은 마주칠 것이라고 생각하고 있던 터였다. 무림에서 두 명의 고수가 있을 수는 없었기에, 둘 중 지는 쪽은 포기를 도박에서 손을 떼야만 했다.

인사계가 가져온 돈을 두고 한 참을 했지만 게임의 주도권은 이미 내가 쥐고 있었다. 그는 돈을 잃을 때마다 주먹으로 테이블을 쾅쾅 치면서 내게 겁을 주었다. 눈빛을 보니 이미 제 정신이 아닌 것 같았다.

"오랜만에 실력 있는 노름꾼을 만났소."

"돈을 많이 잃으신 것 같은데 이쯤에서 포기하는 게 어떻습니까?"

나는 그가 나를 결코 이길 수 없을 거라는 걸 알고 있었다. 패색이 짙은 그에게 남은 건 오기와 고집, 그리고 끓어오르는 분노뿐이었다. 그는 막판이 되자 옆에 있던 동료에게 잔돈을 꿔달라고 하면서까지 게임에 매달렸다.

시간은 새벽 4시를 넘어가고 있었다. 그는 부대에 있는 동료 몇을 불러 게임에 합류하도록 했다. 둘이서 시작했던 판이 갑절 이상으로 더 커진 상황이었다. 분위기가 갈수록 험악해지자 나는 이쯤에서 게임을 끝내야겠다고 생각했다. 이미 순순히 물러날 순 없다는 사실을 나 역시 알고 있었다.

'도망가야 돼. 머리를 써보자, 머리를…'

그는 내가 치고 빠질 것을 대비해 판을 더 벌려놓은 게 분명했다. 거기서 나올 수 있는 길은 내가 딴 돈을 도로 잃거나, 아니면 딴 돈을 갖고 도망하는 수밖에 없었다.

나는 판돈을 조금 남겨두고 도망가는 쪽을 택했다. 화장실에 다녀오겠다고 말한 뒤 뒷문으로 슬쩍 빠져나와 꽁무니를 뺀 것이다.

어찌나 다급했는지 올 때 타고 온 자전거는 물론이고 신발까지 내팽개친 채 돈 꾸러미만 들고 집으로 무조건 달렸다. 도망을 가면서도 혹시 그가 쫓아오지 않나 연신 뒤를 돌아다보았다. 도중에 돌부리에 걸려 넘어져 피가 흘렀는데도 아랑곳하지 않았다. 품속에 있는 돈 꾸러미를 떨어뜨릴까봐 50리나 되는 길을 맨발로 도망친 것이다.

집으로 돌아온 나는 며칠 동안 집안에서 숨어 지냈다. 혹시 그가 나타나 멱살을 잡으면서 왜 도망갔냐고 따질까봐 무서웠다.

그 사건이 있은 후 보름 뒤에 거리에서 우연히 그와 다시 마주쳤다. 나는 아무렇지도 않은 것처럼 그 앞에서 인사를 건넸다. 그 역시 주변의 시선이 신경 쓰였는지 내 인사를 받을 뿐, 도박 사건에 대해선 가타부터 말이 없었다. 나중에 철구에게 들은 바로는 헌병파견대 대장은 내가 도망을 친 걸 눈치 채자 권총으로 자기 머리를 겨누려고 했단다. 동료들이 겨우 말려서 자살 시도는 막았지만, 그날 이후 그는 도박을 완전히 끊게 됐다는 것이다.

나 역시 그쯤 되면 도박을 끊을 법도 하지만 화투판을 벌이면서 옛 사람의 구습을 버릴 줄 몰랐다. 하나님은 내가 훌륭한 장사꾼이 되길 바라셨는데, 재물과 욕심에만 눈이 어두웠던 탕자가 하나님의 뜻을 저버렸던 것이다.

그렇게 사업을 하며 방탕하게 지내던 내게 어느 날 비보가 날아들었다. 아버지가 돌아가셨다는 소식이었다. 어머니가 돌아가신 후 약 8년 뒤의 일이었다.

불효자인 나는 아버지 생전에 내가 성공하는 모습을 결국 보여드리지 못했다. 아버지가 돌아가시기 전 예수를 전하지 못한 것이 지금도 후회로 남는다.

누가복음 15장에는 탕자의 비유가 나온다. 아버지의 재산을 탕진한 아들이 뒤늦게 회개하고 아버지 품으로 돌아온다는 내용이다. 성경 속의 탕자는 아버지의 얼굴을 보고 회개할 기회라도 얻었지만, 나는 성인이 된 이후에도 사람의 도리를 하지 못하고 살다가 아버지를 먼저 보내드리고 말았다.

아버지가 돌아가신 뒤에야 비로소 도박의 늪에서 벗어날 수 있었다. 내 안엔 도박의 귀신이 육신을 볼모로 삼고 있었다. 내 몸을 제어할 사람은 당사자인 나밖에 없지 않은가!

'헌병파견대 대장의 손에 죽었어야 했는데…'

나는 이렇게 생각했다. 당시 내 손에 들려 있는 건 한 자루의 칼이었다. 흔히 '사시미'라고 하는 회칼을 들고 나는 오른쪽 손을 물끄러미 내려다보았다. 처음엔 그냥 혈서를 쓰려고 칼자국만 내려고 했었다. 하지만 내 안에 있던 마귀는 내게 '손을 내려 쳐' 하고 속삭이고 있었다. 언젠가 보았던, 조직폭력배를 다룬 영화에서 두목이 임무를 완수하지 못한 부하의 손가락을 도끼로 내려찍는 장면이 생각났다.

'검지손가락을 자르고도 네가 또 도박을 하는가 어디 두고 보자.'

순식간의 내려침이었다. 퍽, 하고 정확하게 칼이 검지손가락 마디 하나를 토막 냈다. 의미 없이 손가락이 잘려나간 오른손은 새빨간 피를 뿜어냈다. 나는 고통 속에서 바닥을 뒹굴었다. 그것으로 도박에 찌들었던 내 마음도 도려낼 수 있기를 바랐다.

'아버지…. 어리석고 못난 이 아들을 용서하세요.'

〈명정 40년〉의 작가 변영로는 술을 끊기 위해 목에 명패를 달고 살았다지만, 나는 육신을 멸시하며 혈서를 쓰려다 그렇게 검지손가락 하나를 잃고 말았다.

당시 양구서울병원의 김원장이란 사람이 손가락 봉합 수술을 집도했다.

“왜 다쳤어요?” 하는 김 원장의 질문에 나는 머뭇거렸다. 수술을 받은 뒤 집으로 돌아가는 길에 누가 물으면 뭐라고 대답해야하나 생각하니 머릿속이 까마득해졌다. 아내는 지금도 내가 일을 하다가 손가락을 다친 줄로만 알고 있을 것이다.

지금도 한 마디가 없는 검지손가락을 볼 때면 그때 일이 생각난다. 사람이 일평생 무엇인가에 종노릇하고 산다는 게 얼마나 무섭고 두려운 일인지, 도박의 늪에 중독된 삶이 얼마나 추락할 수 있는지 나는 누구보다 뼈저리게 느꼈다. 아마도 그랬기 때문에 회개한 이후 지난날을 통렬하게 반성하고 주님의 품으로 돌아올 수 있었으리라.

평생 동역자를 주신 하나님

천사 같은 아내와의 첫 만남

스물다섯이나 먹은 총각이지만 나는 여자의 손목 한 번 잡아보지 못한 숙맥이었다. 나처럼 사업을 하는 이들은 보통 술과 여자를 가까이 하며 향락의 길에 들어서기 마련이다. 하지만 나는 여자 문제에 있어서만큼은 정말 깨끗한 사람이었다.

내가 결혼을 결심하게 된 계기는 목포에 사는 삼촌의 권유 때문이었다. 삼촌은 "자고로 남자가 사람 구실을 하려면 가정을 꾸려야 한다"며 아버지 대신 내 혼사를 준비했다.

삼촌에게 처음 소개 받은 상대는 목포의 한 미용실에서 일하는 여자였다. 그는 처음 만난 자리에서 내 직업이며, 가족관계, 성격 같은 걸

꼬치꼬치 캐물었다. 사회생활을 해본 여자여서 내 정보를 단도직입적으로 물었던 것이다. 반면에 장사 경험이 있지만 아직 순진했던 나는 묻는 말에만 대답했지 좀처럼 대화를 이어가지 못했다.

상대 여성은 내가 마음에 들지 않았는지 그날 이후 연락을 하지 않았다. 그때 옆집에 사는 아주머니가 사정을 듣고 "좋은 여자를 소개시켜주겠다"고 제안을 해왔다.

아주머니의 소개로 만난 여자는 어물점 집안의 딸이었고 당시 어린이집 교사였다.

19살의 어린 나이였지만 당차고 온화해 보이는 얼굴이 마치 천사 같았다. 처음 미용실 여자를 소개받았을 때 칙칙한 옷차림을 지적받았던 터라 이번엔 말끔한 정장 차림으로 약속장소에 나갔다.

"꼭 영화배우처럼 차려입으셨네요. 멋져요."

"복심 씨는 천사 같아요. 영화배우와 천사의 만남이네요. 하하."

사랑은커녕 제대로 된 연애 한 번 못해본 나는 그녀의 첫 모습에 한눈에 반해버렸다. 차분하면서도 많은 것을 담고 있는 눈, 단정한 입매와 다소곳한 몸짓이 정말 천사 같았다. 그녀가 비누 같은 사람이라면, 나는 온갖 세상 때 찌든 구멍 난 양말 같은 신세였다.

'저렇게 착하고 예쁜 여자가 나를 좋아할까…'

겉으로는 당당한 척했지만 혹여나 그녀가 내 투박한 말투와 교양 없는 지식을 보고 질색해 도망가면 어쩌나 고민했다. 하지만 그녀는 그런 내가 싫지 않은 기색이었다. 내 말 한 마디 한 마디를 진지하게 귀 기울여 들어주었고, 조금이라도 왜곡되거나 일그러진 모습이 아닌 있는 그대로의 나를 받아주었다.

그녀는 비록 나이는 어렸지만 상대의 성품을 분별할 줄 알고, 영적인 판단력으로 그 사람을 꿰뚫어볼 수 있는 능력을 갖고 있었다. 그녀가 보기에 나는, 비록 세상의 때는 묻었지만 열정과 진심이 있는 사람, 오직 자신만을 사랑해줄 남자처럼 보였던 것인지도 몰랐다.

우리는 찻집에서 인사를 나눈 뒤 목포에서 유명한 식당에서 메밀국수를 함께 먹었다. 그녀를 만나기 전에 소개 받은 미용실 아가씨는 콩국수를 사달라고 졸랐다. 콩국수를 싫어하는 나는 억지로 국수를 먹고 결국 그날 저녁 배탈이 나고 말았다. 하지만 그녀와 함께 먹은 메밀국수는 그렇게 맛있을 수가 없었다.

'마음이 통하는 사람과는 음식 메뉴에서도 통하는 법이다!'

지금도 나는 그 말이 진리라고 생각한다.

나는 그녀의 손을 잡고 유달산에 함께 올랐다. 그녀는 체구는 작았지만 체력 하나 만큼은 굉장했다. 산을 오르는 내내 땀 한 방울 흘리거나 도중에 쉬는 법 없이 성큼 성큼 정상을 향해 걸었다. 유달산의 명물인 코끼리 바위와 흔들바위를 보면서 우리는 서로에 대해서 이야기를 나누었다.

첫 데이트를 마치고 양구로 돌아가는 버스 안에서 나는 그녀에게 프로포즈를 하기로 결심했다. 그 전까지 내 인생은 어두운 탄광에서 혼자 금을 캐는 것이었다면 그녀는 내 안에 어두운 구석에 빛을 비춰 주며 금보다 귀한 보석을 보여줄 것만 같았다.

결혼의 절대적 조건

양구에서 목포까지는 교통여건이 좋지 못한 당시엔 꽤 먼 길이었다.

하지만 나는 그녀와 함께 있고 싶은 마음에 곧바로 다시 목포로 갔다. 그리고 데이트 신청을 했다.

그녀를 보는 순간 탐스러운 얼굴이 내 마음에 짜릿한 느낌을 주었다. 단지 외모뿐 아니라 마음씨도 고운 복심 씨를 보면서 나는 '하나님이 내게 주신 배필이다!'라는 확신을 가질 수 있었다.

"나와 결혼하고 싶어요?"

그녀가 내게 물었다.

"복심 씨도 내 맘과 같을 거라고 생각하는데…."

"저도 오빠랑 결혼하고 싶어요. 하지만 조건이 있어요."

"조건? 뭔데요?"

"저는 유교 집안에서 자랐지만 하나님을 믿고 있어요. 그래서 저와 결혼할 사람도 꼭 하나님을 경외하는 사람이었으면 좋겠어요. 결혼하고 나면 나와 함께 신앙생활 할 수 있죠?"

나는 그녀에게 어린 시절 주일학교에 나갔고, 지금도 하나님을 믿고 있다고 솔직하게 말했다. 그녀는 신앙생활을 했었다는 내 말에 몹시 기뻐했다. 그때만 해도 나에게 신앙은 큰 의미를 갖지 못했기에 그녀의 제안은 대수롭지 않았다. 그보다 나는 고물상을 한다는 점 때문에 그녀 집안에서 결혼을 허락하지 않을까봐 걱정이 되었다.

그러나 모든 일이 일사천리로 진행되었다. 그녀의 어머니와 큰 올케 아주머니와의 상견례를 치른 다음 날, 곧바로 그녀의 오빠들을 만날 수 있었다.

"외모도 저 정도면 준수하고, 자기 사업한다니 내 마음엔 든다만…."

이건 큰 오빠의 의견이었다.

하지만 예상치 못한 복병이 있었다. 바로 둘째 오빠였다. 목포 선착장 일대에서 어물점을 하며 지역 어업조합의 이사를 맡고 있던 그는 장사 경험도 많고 세상물정을 잘알았기에 나를 한 눈에 알아보았다. 나 역시 직감으로 "보통 사람이 아니구나!" 하는 느낌을 받았다.

"준수하긴요. 난봉꾼처럼 보이는데… 중학교도 안 나온 사람을 우리 집안에 들일 순 없어요."

이건 작은 오빠의 의견이었다.

아니나 다를까, 그는 내 예상대로 그녀의 어머니에게 화를 냈다. 복심 씨에게는 "여자가 돼서 품행이 왜 그렇게 제멋대로냐"며 호통을 쳤다. 내게 직접적으로 말은 하지 않았지만, 행동에서부터 내가 마음에 들지 않는다는 걸 시위하고 있었다. 요컨대 얼굴만 번지르르하고 객지에서 떠돌이 인생을 사는 주제에 감히 자기 동생을 넘보느냐는 식이었다. 나로선 그녀의 어머니와 큰 오빠의 마음을 사고 결혼을 막 성사시킬 찰나에 크나큰 적수를 만난 셈이었다.

복심 씨는 그런 나를 가만히 위로했다.
"오빠가 지금은 감정 때문에 그러는 거예요."
그녀는 내 예상보다 강한 여자였다. 작은 오빠에게 책망과 훈계를 받으면서도 사랑에 대한 믿음을 버리지 않았다. 죽으면 죽으리라는 각오로 오빠를 끈질기게 설득한 그녀는 마침내 한 달 만에 작은 오빠의 결혼 승낙까지 받아내고 내게 그 사실을 알려왔다.

우리는 마침내 사랑의 콩깍지가 제대로 씌어 결혼 날짜를 잡았다. 결혼 승낙을 받은 이후, 내 머릿속엔 온통 그녀에 대한 뜨거운 마음이 마치 성령의 불처럼 타올랐다. 우리는 서로에게 "결혼 이후에도 지금과 같은 마음 변치 말자"고 약속하며 서로를 사랑하고 또 사랑하기로 다짐했다.

당시 목포에 있는 '모던예식장' 이란 곳에서 결혼식을 올렸다.
주례는 평소 친분이 있던 신문기자가 해주었다. 장모님은 면사포 쓴 아내의 모습을 보고 연신 눈물을 흘리셨지만 아내는 오히려 덤덤한 모습이었다.

　목포에서 하룻밤을 보낸 우리는 양구에 신혼집을 차렸다.
　신혼집이라곤 하지만 다 쓰러져가는 초가집에 월세를 얻은 거였다. 목포에서 살림을 직접 해 오신 장모님은 집안을 둘러보더니 한숨을 푹 내쉬었다.
　"장모님, 죄송합니다. 하지만 이 사람 앞으로 제가 고생 안 시키고 살 테니 걱정 마세요."
　장모님의 속마음을 헤아린 나는 이렇게 말할 수밖에 없었다. 사업을 한답시고 큰 소리를 쳤지만 당시 내게는 돈이 별로 없었다. 결혼하고 얼마 뒤 아내가 아팠을 때 장모님이 와서 돈을 쥐어주고 갈 정도였다.
　"난 자네를 되도록 믿고 싶어. 내가 결혼을 승낙한 이유는 앞으로 자네가 큰 인물이 될 거라는 확신 때문이야."
　군대에서 휴가를 나온 막내처남이 사기결혼이라며 당장 물러내라고 소란을 피웠을 때도 장모님은 단호하게 내 편을 들어주셨다. 만약 그때 장모님이 내 편을 들어주시지 않았더라면, 처남들의 반대에 결혼 며칠만에 이혼을 했을지도 모를 일이다.

자녀 출산으로 신앙을 회복하다

결혼 이후부터 아내는 나를 위해 끊임없이 기도했다. 아내가 나를 위해 기도해온 건 이미 신혼 초부터 습관처럼 해왔던 것이다. 결혼 전 약속을 내팽개친 채 교회에 나가지 않던 나를 아내는 오랫동안 사랑으로 품어 주었다.

하지만 나는 아내가 베풀어준 사랑만큼 돌려주지 못했다. 남들은 깨가 쏟아진다는 신혼 기간이었지만 우리는 자주 싸웠고, 침묵을 지키는 날들이 많아졌다.

"여보, 나 좀 보아요."

아내가 이렇게 말하면 나는,

"남편 일에 사사건건 개입하는 거 별로 좋은 거 아니야."

하고 그냥 무시해버리기 일쑤였다.

아내가 문앞에 서 있어도 뒤도 돌아보지 않고 집을 나서곤 했다. 그때 나를 바라보던 아내의 심정은 무참했을 것이다. 나이만 많았지 철없는 남편이었던 나는 그저 집밖으로만 돌며 아내의 속을 끓였다.

다행히 사업은 서서히 자리를 잡고 있었고, 몇 군데 진 빚을 조금씩이나마 갚아나갈 수 있었다. 가난한 와중에도 아내가 첫애를 갖게 되어, 목포에서 장모님이 오셨다. 막내딸이 고생하는 걸 보고 마음이 상하셨는지 양구 현대병원에 아내를 입원시켰다. 아내는 하루가 지난 뒤 아들을 낳았다. 장모님은 그동안 처남들이 준 용돈과 저축한 쌈짓돈을 갖고 병원비를 내셨다. 한 달 동안의 간호와 정성으로 아들은 건강하게 자랐고, 우리 가정은 모자란 대로 그럭저럭 가정을 꾸려나가고 있었다.

아내의 산파였던 나

지금도 내가 가장 잘했다고 생각하는 것 중 하나는 당시 교회의 머릿돌을 직접 공수해 옮겨다놓은 일이다.

춘천에서 가져온 머릿돌은 무려 100kg이나 되었는데, 그걸 버스에 싣고 교회까지 짊어지고 온 것이다. 지금 생각하면 어떻게 그럴 수 있었는지 새삼 신기하기만 하다.

아내는 그 무렵 둘째를 임신하게 되었다.

어느 날, 저녁 밥상을 물린 뒤 만삭이 된 아내가 갑자기 진통을 시작했다. 둘째 아이가 태어나려는 순간이었다. 임산부인 아내에게 무심했던 나는 위기상황이 닥치자 무엇부터 해야 할지 난감했다. 급한 대로 옆집에 사는 아주머니를 부르려고 옷을 입는데 아내가 고개를 저었다. 이미 세상의 문을 열기로 결심한 아이는 자궁 속에서 채비를 마치고 엄마에게 신호를 보내고 있었다.

아내는 나를 조용히 이끌어 산파 역할을 하도록 했다. 나는 아내에게서 아이가 나오는 모습을 지켜보며 생명의 경의를 느꼈다. 신비롭고도 기쁜 마음으로 아이를 받고서 태를 자르고 엉덩이를 때려 울게 만들었다. 손수 목욕을 시키고 옷을 입히고 나자 그제야 딸이라는 사실을 알았다. 아무렴 어떠랴! 내 씨를 갖고 태어난 아이는 세상 그 무엇과도 바꿀 수 없는 보물과도 같았다.

아이는 아내의 품속에서 이내 새근새근 잠들었다. 조용하게 눈을 감고 잠든 모습이 마치 천사 같았다.

“당신의 큰 딸이에요. 이제 당신은 절대로 아무렇게나 행동해선 안 돼요. 이 애가 보기에 부끄럽지 않은 아버지, 큰 딸이 보고 배울 수 있는 아버지가 되어주세요.”

아내는 잠든 딸의 모습을 바라보며 눈물을 흘렸다. 지난날의 아프고 서러웠던 순간들이 떠올랐을 것이다. 나는 혼자서 꿋꿋하게 아이를 낳아준 아내가 진심으로 고맙고 또 미안했다.

딸이 태어난 날은 공교롭게도 아내와 나의 결혼기념일이었다. 가계 살림을 돕겠다며 새우젓 장사를 비롯해 이 일 저 일 가리지 않고 했던 아내는 출산 당시 몸이 많이 쇠약한 상태였다. 결국 딸을 낳고 얼마 지나지 않아 풍을 맞고 입이 돌아가는 병이 나고 말았다. 나는 아내가 한방병원에 입원하자마자 부리나케 장모님을 오시도록 했다.

사업을 경영하면서 산 넘고 산처럼 위기를 거듭 겪었다.

둘째를 낳은 뒤 전파상을 접고 오토바이센터를 차렸지만 오래가지 못했다. 돈이 될 만한 일을 찾아서 이리 저리 뛰어다녔는데 결과적으론 모두 실패였다. 세상과의 치열한 경쟁에서 이기기 위해선 크리스천으로서의 양심과 도덕을 저버릴 때가 많았다. 사업이냐 세상이냐를 두고 나는 종종 자포자기의 심정이 되어버렸다.

아내는 그런 나를 위로하며 새로운 용기를 불어넣어 주었다.

"여보, 난 하나님께서 당신에게 사업의 큰 꿈을 허락하셨다고 믿어요. 이렇게 집에만 있을 게 아니라 모든 것을 주님 앞에 내려놓고 한번 매달려 봐요. 그러면 하나님께서 새로운 사업의 비전을 주시지 않겠어요?"

아내의 말에 용기를 얻은 나는 곧장 기도원에 들어갔다.

하나님께서 새로운 사업의 길을 열어주실 거라는 믿음으로 금식 기도를 결심했다. 답답한 심정에 주님께 매달리면서 애통하는 마음을 그대로 보여드렸다.

'주님, 저에게 사업의 비전을 주셨다면 새로운 길을 열어주세요! 저는 이대로 망할 수 없습니다. 제가 주님에게 선택받은 일꾼이라는 사실을 깨닫게 해주세요!'

아이 낳은 가장에게 군대에 가라니…

기도는 밤낮으로 계속되었다. 일주일 금식기도를 마친 뒤 나는 모든 것을 내려놓은 마음으로 집으로 돌아왔다. 하지만 그런 나를 기다리고 있는 것은 다름 아닌 '병역소집통지서'였다. 집안 종손인 까닭으로 면제된 줄로만 알았었는데, 양구로 이사를 오고 나니 사정이 달라진 것이다.

'3일동안 금식 기도를 하고 돌아왔더니 그 응답이 고작 군대란 말인가!'

나는 황당하고 분한 마음이 들었다. 막 신앙의 초보 단계를 지나는 내게 주님은 눈물 어린 기도를 심술로 되갚아주시는 분으로만 생각되었다. 그렇지 않고서야 자식과 가정이 있는 내게 국방의 의무로 짐 지우실 리가 없었다. 나는 뒤늦게 군대에 갈 생각을 하니 그저 두렵고 떨린 마음만 들었다.

방위 1기생으로 차출된 나는 뒤늦게 훈련소에 입소했다. 새까맣게 어린놈들이 나를 얕잡아보며 홀대하기 일쑤였다. 생각할수록 억울한 일이었다. 전라도 병무청에서 이미 면제 판정을 받은 걸 두고 강원도 병무청에서 트집 잡을 이유가 뭐란 말인가!

"여보, 내가 여기에 있으면 우리 가정은 누가 책임지겠어? 당신 나가서 돈 벌어 올 수 있소? 전라도 병무청에 가면 내 신변에 관한 서류를 떼어줄 터이니 그걸 갖고 민원이라도 좀 넣어 봐요."

나는 아내를 통해 병무청에 독자 관계를 입증하는 민원서류를 제출했다.

다행히 강원도 병무청에서 내 사정을 알아봐주어 입대 100일 만에 의병 제대를 할 수 있었다. 부대 측에서도 내가 일부러 입대를 회피하려 하지 않았던 점을 들어 내 편을 지지해주었다.

100일 복무하며 '짬밥'을 먹었지만 마냥 나쁘기만 한 것도 아니었다. 가정을 꾸린 나를 위해 부대에서는 집으로 쌀과 각종 부식을 지원해주었기 때문이다. 경제사정이 썩 좋지 못한시기였던 터라 아내는 이런 지원을 은근히 반겼다. 하지만 나는 갑갑한 부대에 하루라도 더 있고 싶은 마음이 없었다.

주님 앞에 인정받은 철부지 남편

100일만의 제대였지만 마음은 사뭇 남달랐다. 잃었던 사업도 되찾고, 이전보다 더욱 열심히 살아야겠다는 야무진 결심이 솟구쳤다. 평소 친분이 있던 장로님에게 사업 자금을 빌려와 오토바이 센터를 다시 차렸다. 깨끗한 크리스천 사업가란 무엇인지, 성경의 원리를 통해 성공하는 사업이 무엇인지 보여주고 싶었다.

가시밭과 같은 내 믿음생활에도 조금씩 싹이 나기 시작했다. 아내는 나에게 세례를 권했다. 마침 교회에서 부흥회가 열리고 있었던 터라 나는 집회에서 은혜를 받고 목사님께 세례를 받으리라 결심했다.

서울에서 집회 인도 차 내려오신 강사 목사님은 마치 내 심령을 겨냥이라도 한듯 열정적인 말씀을 부어주셨다.

"우리 인생이 부귀와 영화만 쫓다가 끝나는 거라면 그 얼마나 불쌍

합니까! 여러분은 여러분의 죽음 이후를 과연 얼마나 준비하고 계십니까? 사업을 하더라도 1년, 5년, 10년 단위로 경영계획을 세웁니다. 하물며 천하보다 귀한 내 영혼을 위해서는 어떤 계획을 갖고 있습니까? 없지요? 그래서 이대로 가면 망한다는 겁니다. 무조건 회개해야 합니다. 그동안 썩은 구습, 낡은 걸 사람의 가식과 위선, 이런 거 다 버리시고 진심으로 회개하고 주님 앞으로 돌아오십시오!"

"아멘, 아멘"을 연신 외치면서 나는 통렬하게 회개했다.

'왜 나는 이토록 어리석게 살았던가! 예수님이 나를 위해 십자가에 돌아가셨다는데, 왜 나는 그 사실을 믿지 않고 내 스스로를 더 믿었던가!'

후회하고 또 후회했다. 문득 서울역 광장에서 나에게 세례를 받으라고 하던 목사님의 말이 떠올랐다.

"예수님이 나를 위해 죽으셨다고 믿는다면 세례를 받으세요."

나는 주저할 것 없이 단상 앞으로 나갔다. 그때 부흥강사였던 목사님께서 직접 세례를 주셨다. 나의 죄인 됨을 고백하고, 그동안의 지은 죄를 모두 회개하며 눈물의 세례를 받았다. 아내도 내 옆에서 기쁨과 감사의 눈물을 흘렸다. 나는 속으로 감사의 찬양을 하며 기도했다.

'하나님, 감사합니다. 시정잡배 같은 저에게 믿음을 주셔서 주님의 존귀한 자로 쓰임 받을 수 있도록 이끌어주셨습니다. 이제는 저의 뜻이 아니라, 주님의 뜻을 위해서 남은 삶을 바칠 수 있도록 도와주세요.'

세례를 받은 뒤로 교회는 내 또 다른 생활 터전이 되었다. 수요예배와 금요 철야예배는 물론 기도회, 여름수련회 등을 거치면서 내 신앙은 점점 더 자라게 되었다.

뜨겁게 은혜 받은 사람들처럼, 내 삶과 생활도 세례를 받은 이후 완전히 달라지기 시작했다. 매일 새벽제단을 올렸고, 하루하루 신앙생활하는 게 마냥 즐겁고 행복했다. 당시 양구제일교회를 섬겼던 나는 신앙생활 이후로 무너진 사업도 다시 끌어올릴수 있었다.

시편 128편에는 "여호와를 경외하며 그의 길을 걷는 자마다 복이 있도다. 네가 네 손이 수고한 대로 먹을 것이라"라는 말씀이 있다.

나는 사업을 시작한 후 하루도 빠짐없이 새벽제단을 쌓았다. 남보다 일찍 가게 문을 열었고, 가장 늦게 문을 닫았다. 밤낮을 가리지 않고 열심히 일했지만 주일은 철저하게 지켰다. 그런 내 기도를 주님은 잊지 않고 응답하셨다. 내 성실함과 끈기를 알아준 고객들이 하나둘씩 늘어나기 시작했던 것이다.

가게가 입소문이 나면서 매출은 점점 더 늘어났다. 하나님이 일하시는 방식이 오묘하다는 것을 그때 처음으로 느꼈다. 평생을 봐야 할 것 같던 빚쟁이들도 더 이상 가게로 찾아오지 않았다. 광야에서 강퍅해졌던 내 마음도 조금씩 누그러들었다. 하나님은 물질을 부어주실 때 결코 인색하지 않으셨다. 입을 벌리면 넘치도록 채워주신다는 다윗의 말처럼, 나는 축복의 늦은 비를 맞으며 기쁨을 마음껏 누렸다.

오토바이센터가 번창하면서 농기구대리점을 새로 개업했다. 양구에서 가장 크다는 군납공장을 사들이기도 했다.

그때 1976년 1월 7일, 아내는 셋째인 둘째 딸을 낳았다.

그때만 해도 최전방의 겨울철 기온은 영하 38도 내외 이었다. 춥고 낯설고 메마른 땅, 황무지 같은 곳에서 출산한 아내는 몸이 급속도로 연약해졌고 출산후 화장실에서 정신을 잃었다. 혼미한 정신 속에서 아내는 "내 사랑하는 딸아! 내사랑하는 복심아! 일어나라! 일어나라!" 하는 주님의 미세한 음성을 들었다. 그 혹독한 시간에 아내는 남편의 방만한 생활환경 때문에 남편이 야속했지만 '그래도 남편이니 내가 신앙의 선배로써 기도해 성령님의 도움으로 이 사람의 참된 모습 볼 날을 기다리자' 라고 생각하면서 지난 시간은 다 잊고 집에서 아이들을 돌보며 평온한 가정을 꾸미고 있었다

"여보, 우리 오랜만에 바캉스 한 번 갑시다."
모처럼 일을 일찍 정리하고 아내에게 놀러가자고 보챘다. 햇볕이 쨍한 날이라서 바다가 몹시 보고 싶었다. 딸린 식구가 넷이나 되는데도, 무슨 배짱이었는지 아내에게 당당하게 짐을 챙기라고 말했다.

피 끓는 30대에만 도전할 수 있는 무모한 여행이었다. 낡은 오토바이 한 대에 맨 앞엔 아들과 큰 딸 정화 그리고 나, 뒤에는 둘째 딸 정희, 맨 뒤엔 아내, 다섯 식구가 탄 채 한계령 아흔 아홉 구비를 아슬아

슬 질주하는 모습을 떠올려보시라. 다행히 목적지인 동해안 양양해수욕장까지 무사히 도착할 수 있었지만, 지금 생각해보면 정말 철없이 객기를 부렸었던 것 같다. 후에 장모님에게 그 얘기를 했더니 내 등짝을 때리시면서 "철 좀 들라"고 나무라셨다.

네 식구의 목숨을 얹고 도박처럼 위험한 일들을 저지른 게 한 두 번이 아니다. 제 아무리 능력 좋은 남편을 믿고 따른들, 안에서 집안 살림을 책임지는 아내로서는 그런 내 모습이 속으로는 무척 못마땅했으리라. 하지만 아내는 늘 성령으로 충만한 믿음의 사람이었다. 위기의 순간마다 영롱한 지혜로 나를 건져내는 아내를 보면서 '현모양처'라는 것은 신앙의 힘으로만 이룰 수 있는 목표라는 사실을 다시 한 번 깨닫게 되었다.

꿈 속에서 딸의 질병을 치료하신 주님

어린 아이들을 키우며 우리 부부는 한시도 마음 놓을 날이 없었다. 가게에 나갔다 저녁에 들어오는 나와는 달리, 하루 종일 아이들과 붙어 지내는 아내는 육체적 피로와 스트레스에 시달려야 했다.

하루는 넷째가 밤중에 기침을 심하게 하더니 샛노란 콧물을 줄줄 흘리기 시작했다. 젖도 거의 먹지 않고 몇 시간째 가래 끓고 기침만 하는 것이었다. 아이를 데리고 동네 의원에 갔더니 정확한 병명을 잡아내지 못했다. 당시만 해도 소아과가 드물었던 터라 인제에 있는 종합병원으로 다급하게 차를 몰았다.

의사는 흉부 사진을 찍어보더니 급성 모세기관지염이라는 진단을 내렸다. 합병증으로 폐렴을 동반할 수 있기 때문에 입원을 해야 한다는 것이다. 의사는 상태가 무척 위중하기 때문에 며칠이 고비가 될 것이라고 말했다. 충격을 받은 나는 아내와 번갈아가면서 병실을 지키면서 주님 앞에 무릎을 꿇었다.

'제 지난 죄가 너무나도 큽니다. 평생 달게 받을 테니 딸에게 그 죄를 돌리지 마옵소서.'

나는 천식을 앓았던 내 유전자가 딸에게 고스란히 옮긴 것 같아 한동안 죄책감에 시달렸다. 질병이 때로는 죄 때문에 생기기도 한다면, 주님께서 허랑방탕한 내 지난날의 죗값을 딸에게 묻는 건 아니었을까. 하지만 울부짖는 기도 가운데서 주님은 내게 조용한 음성을 들려주셨다.

'네가 아브라함처럼 복을 받기를 원한다면 이 시기를 믿음으로 견디어내라. 나는 네가 다른 어떤 것이라도 의지하지 않고 나만을 바라보기 원한다.'

십자가에 달려 돌아가신 예수님을 생각하며 나는 뜨거운 눈물을 흘렸다. 병든 딸을 바라보는 내 가슴이 타들어가듯, 하나님께서는 자기 독생자를 십자가에 내어주면서 얼마나 가슴이 아프셨을까. 휘장처럼 찢어졌던 내 가슴은 이내 보혈의 능력으로 인한 치유와 회복의 확신으로 가득 차올랐다.

열흘 째 기도를 이어가던 날, 나는 기도 중 꿈에 주님을 보았다. 환상 속에서 딸은 예수님의 품에 안겨 있었고, 주님은 아이를 아내에게 되돌려주었다. 그 주위를 둘러싼 천사들의 장엄한 찬양소리는 마치 현실과도 같은 거룩함을 내게 전해주었다.

눈을 뜨자 어두컴컴한 기도실에 나 혼자 남겨져 있었다. 눈앞에는 은은하게 빛나는 십자가 모형만이 어떤 상징처럼 벽에 걸려 있었다.

'이건 무슨 꿈일까⋯ 주님이 나에게 어떤 메시지를 주려고 하시는 걸까.'

기도를 마치고 나오는데 아내에게서 전화가 걸려 왔다. 딸애가 열이 내리고 기침이 잦아들었다는 것이다. 신기한 것은 아내 역시 딸 옆에서 잠들었다가 나와 비슷한 꿈과 주님의 음성을 들었다고 했다.

"여보, 아무래도 주님께서 병을 낫게 해주신 것 같아. 당신도 그렇게 생각하지 않아?"

나는 아내에게 기도 중에 느낀 얘기를 해주었다. 아내 역시 나와 비슷한 시간에 꿈을 꾸었다면서 하나님의 치유능력을 체험한 것 같다고 말했다.

다음날 딸의 상태를 확인한 의사는 밤 동안에 병세가 호전되었다며 이틀 후 정도면 퇴원해도 된다고 말했다. 정말 기적 같은 일이었다. 하나님에게는 병의 권세를 제어하실 수 있는 분명한 능력이 있다. 질병의 고난 속에서 주님이 나에게 기대하시는 것은 오로지 주님을 붙들고 의지하는 믿음이라는 것을 나는 그때 배웠다.

제3장

새 산지를 주신 하나님

이 산지를 내게 주소서

신앙생활이 안정을 찾아가면서 사업은 나날이 번창했다. 80년대 당시 내 나이는 30대 후반이었다. 수중에 현찰로 2억 원 가량을 갖고 있었으니 양구에서 손꼽는 부자 대열에 낄 수 있었다. 그대로 양구에 눌러 앉았더라면 나는 양구에서 지역 유지로 대접받고 살 수 있었을 것이다.

하지만 하나님께서는 나를 통해 원대한 사업 계획을 품고 계셨다. 나를 한갓 졸부가 아닌, 주님의 일에 크게 쓰임 받는 종으로 쓰시기 위해 더 큰 물가로 인도하셨다.

1982년도에 나는 아이들을 교육 여건이 상대적으로 좋은 서울로 먼저 유학을 보냈다. 아내와 아이들을 올려 보낸 뒤 이듬해 나 역시 사업을 정리하고 서울로 거처를 옮겼다.

서울은 몰라보게 달라져 있었다. 아내와 나는 픽업트럭을 타고 돌아다니면서 살 집을 물색하기 시작했다. 강북과 강남을 오가느라 한강을 수도 없이 건넜다. 마포대교 부근에서 일방통행 길로 잘못 들어서 마주 오는 차와 사고가 날 뻔한 적도 있다.

웬만한 집 한 채 정돈 살 수 있었지만 돈을 아껴야 했다. 양구에서 애써 터를 잡은 사업을 서울에서 다시 일구려면 사업자금이 많이 들 터였다. 아내와 나는 당시 서울에서 그나마 집값이 싸다는 구로구에 집을 얻었다.

이사를 온 첫 날, 작은 방에서 소리가 나기에 문을 열어보니 아내와 자녀들이 기도와 찬양을 하고 있었다.

"집을 얻어서 다행이에요. 그런데 서울에서 어떻게 살아가야 할지 막막해요."

순박한 시골에서만 자란 아내는 난생 처음 본 서울이 낯설고 무서웠던 것 같다. 남편의 결정에 따라 서울로 오긴 했지만 아내는 처음에 이사를 반대했었다. 가장 큰 걱정은 오랫동안 다녔던 교회를 등지고 새로운 신앙의 터전을 찾아야 한다는 점이었다.

나 한 사람의 욕심 때문에 양구를 떠난 게 아니란 걸 아내도 잘 알고 있었다. 일가친척 하나 없는 서울 생활을 두려워하는 아내를 십분 이해할 수 있었다.

다행히 양구에서 신앙생활을 같이 했던 집사님과 함께 구로구 개봉동에 있는 작은 교회에 등록을 하게 되었다. 아내와는 꽤나 친분이 두터웠던 그 집사님은 서울 생활의 노하우를 우리 부부에게 모두 일러주었다. 만약 그때 집사님의 도움이 없었다면 꽤 오랫동안 서울에 적응하는 데 애를 먹었을 것이다.

아내와 아이들이 차차 서울 생활에 적응하면서 나 역시 사업 구상을 새로 시작했다. 양구에 올라오기 전부터 이미 마음속에 새로운 사업을 해보리라 결심한 터였다. 내게는 편협하게 내 배만 채우는 사업이 아닌, 하나님의 광대한 사업에 쓰임 받겠다는 비전이 있었다.

'주님, 제가 어떤 일을 하면 좋을까요? 저는 사업을 통해 주님의 선교 사업에 쓰임 받는 믿음의 종이 되길 원합니다. 저의 발걸음을 인도하여 주옵소서.'

그때 주님께서는 나에게 고물상을 하며 얻게 된 눈썰미를 활용하라는 감동을 주셨다. 당시는 집집마다 알루미늄 금속 창틀로 교체하던 시기였는데, 새시 대리점을 열면 돈을 벌 수 있겠다는 생각이 든 것이다. 서울에서 창호가게들이 밀집한 신설동 주변을 둘러보면서 나는 '이거다' 하는 확신을 가질 수 있었다.

보증금 없이 샤시 대리점 열수 있었던 이유

당시 우리나라에서 가장 대표적인 샤시 브랜드 중 하나인 동영 알루미늄 대리점이 내 눈에 들어왔다. 나는 신설동에 특판점을 내기 위해 무작정 본사로 찾아갔다. 운이 좋게 상무 직급인 담당자를 만나 이야기를 꺼내볼 수 있었다.

"신설동에 특판점을 하나 차리고 싶은데, 제가 돈이 별로 없습니다. 1억 5천만 원을 물건 값으로 낼 터이니 보증금은 차후에 드리면 안 될까요?"

특판점을 내겠다며 보증금 2억 원을 면제해달라고 하니 그야말로 황당한 요구였다. 당장 내쫓아도 할 말이 없을 텐데 담당 상무는 나를 물끄러미 보고만 있었다.

"보증금이 없다면 무엇으로 보증을 할 수 있겠습니까? 선생님께서 가진 것은 무엇이지요?"

아내와 아이들을 보증으로 내걸겠다는 말은 못하겠고 내가 믿을 건 신앙뿐이었다.

"나는 예수를 믿는 사람입니다. 세상 만물을 지으신 그 분이 나와 함께 하신다면 제가 하는 사업이 분명 성공할 수 있다고 확신합니다."

내 말에 상무는 큰 소리로 웃음을 터뜨리면서 "사장님과 의논하고 결정할 테니 며칠 뒤에 다시 만나자"고 말했다. 나는 속으로 '안 되었구나' 하고 생각하면서 낙심한 채 집으로 돌아올 수밖에 없었다.

특판점에 대한 기대를 접어야겠다고 생각할 무렵, 담당 상무에게서 전화가 걸려 왔다.

사장과 논의한 끝에 내게 특판점을 내주기로 했다는 것이다. 생각지도 못한 희소식에 나는 수화기를 손에 든 채 "감사하다"며 연신 고개를 숙였다.

'이건 하나님이 이끌어주신 일이다!'

나는 속으로 이렇게 생각했다.

나중에 알게 된 사실이지만 상무와 사장 모두 예수를 믿는 사람들이었다. 사업적인 계산만 보면 보증금 없이 특판점을 내는 게 무모한 결정이었지만, 내 태도와 신앙에 대한 확신을 믿고 과감하게 허락을 해준 것이다.

하마터면 사업을 하지 못할 뻔했던 나는 하나님의 오묘한 섭리와 축복을 다시 한 번 깨달았고, 하나님께서 내 사업을 들어 쓰실 것이라는 확신을 가질 수 있었다.

저 같은 사람이 교회 외장공사를요?

사람은 누구나 주변의 환경과 여건에 실망하고 믿음이 연약해질 때가 있다. 내가 의도한 것과 전혀 다른 방향으로 삶이 흘러갈 때, '여기에 정말 하나님의 섭리가 있을까?' 하고 의심하는 것은 인간의 본성이자 연약한 믿음이다. 나 역시 사업을 하면서 도저히 이룰 수 없을 것 같은 순간들을 극복한 경험이 많다.

강원도 양구라는 작은 동네에서 고작 고물상이나 하던 내가 서울에서 새시 특판점을 하게 될 줄은 감히 상상도 못한 일이었다. 게다가 보증금 없이 무모하게 본사를 찾아가 허락을 받아낸다는 건 보통의 경우라면 상식 밖을 한참 어긋난 일일 것이다.

그럼에도 신앙인은 믿음으로 이 모든 난관을 넘어선다. 내 생각, 내 판단이라는 고집을 꺾고 주도권을 하나님께 내어드리면 주님께서는 상황과 사람을 바꾸셔서 결국엔 길을 내어주시는 것이다.

참으로 인자하고 고마우신 주님! 그러나 우리는 자신의 짧은 경험과 지식을 의지한 적이 얼마나 많은가. 사업을 하면서 섬세한 주님의 손길을 알면 알수록, 나는 주님을 더욱 예배하고 찬양하고 싶은 마음이 솟아났다.

기적 같은 일은 비단 새시 특판점을 낼 때만 있었던 게 아니다. 나는 특판점을 하면서 건설업 열풍을 타고 꽤나 많은 돈을 벌었고, 양구에서 고물상을 할 때와는 비교할 수 없을 만큼 큰 사업가로 성장할 수 있었다. 그러나 주님의 목적인 '선교의 비전'을 이루기 위해서는 더욱 험난한 여정을 통과해야만 했다.

샤시 특판점을 운영하던 시절, 한 유명 건설 회사를 경영하는 친구를 만나 천주교 공사 입찰을 제의받았다. 천주교 공사라니! 그동안은 작은 건물이나 가정집 위주로 물건을 댔었기에 그토록 큰 공사 제의는 처음이었다.

'주님, 제가 할 수 있을까요? 만약 일이 잘못되기라도 하는 날엔…'

배포가 꽤 큰 나였지만 걱정이 앞섰다. 하지만 주님은 요한복음의 말씀을 통해 "강하고 담대하라. 내가 세상을 이기었다"며 용기를 주셨다.

나는 영등포 천주교 외장 금속공사를 필두로 종로와 서초동 성당 공사를 성공적으로 마무리했다.

그때부터 대리점인 샤시 전문업체로 이름이 알려지기 시작했다. 이후 동대문의 상징적인 건물이었던 창신교회가 이전을 하면서 내게 외장 금속공사를 발주했다.

"일을 꼼꼼하고 정확하게 해주셔서 고맙습니다."

"교회 금속공사도 해주실 수 있습니까? 꼭 사장님께서 해주셔야 합니다."

외장공사는 사람들의 눈이 가장 먼저 닿는 부분이기에 공사를 끝내고 난 뒤에는 여러 사람에게서 칭찬을 받을 수 있었다. 돈을 두 배로 줄 테니 공사를 먼저 해달라고 요청한 곳도 있었다.

성당 공사 이후로 교회 공사에도 손을 대기 시작했다. 명일동에 있는 유명 교회인 명성교회의 금속공사도 내가 직접 맡았다. 당시 아는 집사님을 통해 김삼환 목사님을 소개받을 수 있었다.

목사님과는 이미 10여 년 전에 양구에서 안면을 익힌 적이 있었다. 당시 목사님은 양구에 와 계셨는데, 교회 개척을 막 시작한 이후여서 성도들에게 많이 알려진 분은 아니었다. 오래 전 목사님을 뵈었던 기억 때문에 나는 놀라움과 기쁨이 교차되었다. 목사님은 예전의 내 모습을 기억하지 못했지만, 하나님께서 이 만남을 이끌어주셨다는 생각에 더욱 반가웠던 것인지도 모른다.

"명성교회처럼 이름이 알려진 교회를 저 같은 개인사업자가 공사할 수 있을까요?"

나는 교인도 아닌 나에게 일을 맡기려는 목사님의 의도를 알 수 없었다. 김삼환 목사님은 그런 나를 안심시키면서 조용히 미소 짓고 있을 뿐이었다.

"집사님이 신앙생활을 오래 하신 분이라고 들어서 믿고 맡기려고 합니다."

목사님은 이미 집사님을 통해 내 얘기를 전해 들었다고 하셨다.

"저는 대학도 나오지 못했는데요. 물론 노하우야 갖고 있습니다만…"

"최선을 다해 주십시오. 주의 일인데 기왕이면 믿는 사람들과 일해야 하지 않겠습니까."

신중하고 까다롭기로 알려진 목사님은 명성교회 교인도 아닌 나를 전폭적으로 믿어주었다. 지금 생각해보면 집사님의 추천만 듣고 일을 맡기진 않았던 것 같다. 어쩌면 만나본 다음에 결정하겠다는 생각을 갖고 계셨을지도 모른다. 하지만 그때 나는 '성령께서 나에게 이 일을 맡기시려고 목사님과 다시 만나게 하셨다' 는 강한 확신을 갖고 있었다.

목사님은 이례적으로 공사 대금 중 일부를 먼저 내어 주시면서 격려를 해주셨다. 보통 공사에 착수하기 전 돈을 먼저 주는 일은 극히 드물다. 아무리 믿는 교인이라고 해도 선금을 주면서 공사가 원활하게 돌아가도록 하는 것은 꽤나 파격적인 일인 셈이다.

목사님은 공사기간에도 하루도 빠짐없이 현장에 나와 진행 상황을 꼼꼼하게 확인하셨다. 건축위원장의 말보다는 당신이 직접 눈으로 확인하고 점검해본 뒤에야 현장을 떠났다. 그런 분이 나에게 선금을 맡기고 일을 주었을 때는 그만한 성령의 감동이 있었기 때문일 것이다.

나는 직원들 데려다가 프레임을 손수 제작하는 등 심혈을 기울여 금속공사를 진행했다. 구약에서 거룩한 주의 전을 담당했던 레위인들과 같은 심정으로 보통 때보다 2~3배 이상 신중을 기했다.

"목사님이 꽤나 마음에 드셨나 봐요. 보통은 전체 상황을 죽 둘러보고 끝내시는데 오늘은 새시 작업을 한참 보시는 걸 보니."

나는 건축위원장을 맡은 집사님과 목사님에게 합격점을 받았다. 내가 명성교회 일을 끝내고 난 뒤에 건설 쪽에 발을 들여놓게 되었고, 명성교회 또한 활력이 넘치는 교회로 성장했으니 그 일이 양쪽 모두에게 큰 축복이었던 셈이다.

은밀한 덫

사탄의 가시는 항상 도처에 도사리고 있다.

성경에 "너희가 선줄로 알거든 넘어질까 염려하라"는 말씀이 있듯이 사람은 언제 어느 때 시험에 들지 모른다. 건설업을 하며 나 역시 수차례 사탄의 방해공작에 시달렸다. 유흥과 향락이라는 옛사람의 구습을 알고 있는 사탄은 건설업이라는 특수한 상황을 이용해 나를 종종 위기에 빠뜨리곤 했다.

새시 공사로 승승장구 하며 돈을 벌어들이자 내 신앙생활은 조금씩 무너지기 시작했다. 주일 성수는 했지만 하나님과의 거리는 이전보다 상당히 멀어져 있었다. 내가 누리는 물질적 축복이 당연한 것이라는 착각, 하나님은 언제까지고 나에게 이런 축복을 제공할 의무가 있다는 오만, 내일 일을 계획대로 통제할 수 있다는 무지까지 '교만의 3종 세트'가 내 마음에 자리 잡고 있었다.

이따금 내 안에 성령의 목소리가 들릴 때면 "주님 잠깐만 기다리세요. 이번 일만 잘 끝내면 다시 예전처럼 신앙을 회복할게요"하고 오히려 하나님을 설득시켰다. 돌이켜보면 어리석은 인간의 방종이요 무지의 소치지만, 돈에 한 쪽 눈이 멀었던 나는 내 삶을 떠받치고 있는 게 돈이라고 생각했다. 하나님은 그저 나에게 돈을 공급해주시는 통로이며, 내가 번 돈을 선교나 다른 비전으로 하나님께 갚아나가는 거라고만 생각했다.

나는 수시로 술집에서 동료 사업가들과 함께 술접대를 하였지만 마음은 괴로웠다. 사업상 관례로서 그렇게 한 것이지만 내 속은 썩 편치 않았다. 접대를 하며 흥청망청 쓰는 돈, 난봉꾼처럼 구는 사업가들의 행태…그 모든 게 싫었다. '3차'로 불리는 음탕한 자리를 피하기 위해 나는 일부러 몸이 아픈 척 빠져나온 적이 한 두 번이 아니었다. 그렇게 내 안에 계신 성령님의 음성을 무시하길 여러 번 한 끝에 마침내 '사건'이 터지고 말았다.

매일 새벽이 되어서야 돌아오는 나를 아내는 뜬 눈으로 기다렸다. 아이들이 모두 잠든 시간, 현관문을 슬그머니 열면 아내가 소파에 앉아 나를 보고 있었다.

"아직 안 잤어? 오늘도 술자리야. 요즘 따라 왜 이렇게 만나자는 사람이 많은지…."

나는 겨우 변명을 늘어놓았다. 아내는 나를 불러 앉히더니 간곡한 목소리로 사정을 했다.

"여보, 사업도 중요하지만 우리가 서울에 온 목적을 생각해봐요. 주님의 일에 더 힘쓰기 위해서가 아니었던가요? 그런데 당신은 매일 친구들과 만나 세상속에서 헤매고 있어요. 양구에 살 때처럼 우리 소박하게 살 수 없나요?"

아내는 내가 신앙생활을 소홀히 하고 사업에만 몰두하고 있다는 것을 간파하고 있었다. 서울에 온 뒤로 하루도 새벽기도를 빠지지 않았던 아내였기에 나의 영적 무기력함을 누구보다 빨리 눈치 챘던 것이다.

하지만 나는 예전으로 돌아갈 수 없다고 생각했다.

'예전과도 비교도 할 수 없을 정도로 큰일을 하고 있는데, 그리고 그 일을 통해서 세상과 사람들에게 인정을 받고 있는데 어째서 내가 포기해야 한단 말이야? 게다가 내가 신앙생활을 저버린 것도 아닌데 왜 저리 호들갑일까?

나로 인한 스트레스로 신경쇠약을 앓던 아내는 급기야 저혈압으로 쓰러지고 말았다. 아내의 핼쑥해진 모습을 보고 주변에서 "오래 못 살겠다"고 할 정도였다. 휴양을 위해 떠난 제주도에서 아내는 내 손을 붙잡고 울면서 믿음에 설 것을 권면했다.

아내가 하루가 다르게 핍진한 모습으로 변해가자 나 역시 마음이 편치 않았다. 내 술자리를 막기 위해 아내는 매일 밤 거실에 무릎을 꿇고 기도하며 내가 집에 올 때까지 기다렸다. 하지만 나는 걸핏하면 고함을 지르며 현실을 인정하지 않는 아내를 핍박하기 일쑤였다.

한 순간의 부도로 위기를 맞다

주님은 아내의 기도를 듣고 나를 제자리로 돌려놓길 원하셨다.

브레이크가 고장 난 폭주기관차처럼 멸망을 향해 달려가는 나를 가로막은 건 회사의 부도였다.

평소 수익성이 높은 건설회사에 투자했던 나는 갑작스런 부도 소식에 정신이 없었다. 사장의 전화는 꺼져 있었다. 회사에 직접 찾아갔을 때는 빚쟁이들의 독촉이 판치는 아수라장이었다. 그 회사로부터 받은 수십 억대에 달하는 어음은 한 순간에 모두 휴지조각이 되어버린 것이다.

나는 순식간에 빚더미에 올라앉았다. 돈을 구하려고 백방으로 뛰어다니는 동안 핍박을 받은 건 오히려 가족들이었다. 시도 때도 없이 찾아오는 채권자들에게 시달리던 아내는 아이들을 친정으로 피신시켰다. "막 돼먹은 자식" "XX 같은 놈" "더러운 사기꾼" 차마 입에 담기도 어려운 욕들을 퍼부으면서 빚쟁이들은 돈을 갚으라고 윽박을 질렀다.

TV 드라마에서나 보던 '빨간 딱지' 가 집안 가구 곳곳에 붙었다. 빚쟁이들은 어찌나 지독한지 아내가 시장이라도 갈라치면 뒤를 몰래 따라붙어 아내에게 행패를 부렸다. 그 이야기를 들은 나는 피가 거꾸로 치솟았지만 돈을 갚는 것 외엔 달리 할 수 있는 방법이 없었다.

빚쟁이들이 돌아가고 난 뒤 교회에 무릎을 꿇고 울면서 기도를 했다.

'하나님, 어째서 나에게 이런 시련을 주십니까! 지난 10년 동안 아내와 자식들을 책임지기 위해 앞만 보고 달려왔는데, 이렇게 허탈하게 제 모든 것을 빼앗아 가실 수 있나요? 어쩌면 그렇게도 무심하십니까!'

자격 없는 자의 투정이요, 광야의 공허한 외침이었다. 그때 나는 그저 억울한 심정이었다. 옳지 않게 사업을 했던 건 사실이었지만, 잘못된 사회적 관행 속에서 공사를 따내기 위해서 어쩔 수 없었던 행동이었다고 변명하고 싶었다.

하지만 하나님께서는 늘 목적보다는 동기, 결과보다는 과정을 유심히 살펴보시는 분이다. 내가 돈을 벌려고 했던 이유가 무엇이던가. 눈덩이처럼 불어나는 재물을 보며 '어떻게 하면 더 굴려볼까' 하고 궁리하고, 땅에 투자하면서 이런저런 재테크에 매몰된 나는 예수님께서 비유하셨던 불의한 부자가 되어버렸던 것이다.

하나님께서는 내가 부도를 당하기 직전, 최종적으로 경고의 메시지를 주셨다. 억 소리 나는 수익에 눈 멀어버린 나는 은행 빚을 내기 시작했고, 유명 건축회사의 건물 공사에 그 돈을 몽땅 투자했다. 처음엔 투자한 돈의 몇 배나 되는 수익을 올리면서, '하나님이 나를 제대로 축복해주신다'는 착각에 빠져 지냈다.

하지만 나는 그쯤에서 내 욕심을 멈추었어야 했다. 아니, 어쩌면 욕심이란 멈출 수 없는 것이기에 애당초 욕심을 품지 말았어야 했는지도 모른다.

배포가 더 커진 나는 베팅 한 번에 거부가 되는 무모한 야망을 품게 되었다. 그때 지인을 통해 소개받은 회사가 바로 나에게 부도를 맞게 한 K라는 업체다. "당신이 정말 막차"라고, "이 좋은 기회를 놓치면 평생을 후회할 것"이라고 나에게 투자를 부채질하던 사람들을 믿지 말

앉아야 했다. 가진 돈의 대부분을 투자해야 할 상황 앞에서 나도 약간은 겁이 나기도 했다. 그때 한동안 기도로 주님께 응답을 간구했다.

성령님께서는 단호하게 나에게 '안 된다' 는 메시지를 주셨다. 그 전부터 계속되던 메시지였지만 투자를 결정하기 바로 전에는 경고음이 한층 커져 있었다. 주님은 끝까지 나를 말리셨다. 하지만 성령의 뜻에 순종할 믿음이었다면 애당초 무모한 투자를 시도하지도 않았을 것이다. 나는 머릿속에 거부가 된 내 모습만을 떠올렸다.

"죽더라도 돈부터 갚고 죽어요"

부도 이후 빚쟁이들을 불러 모아 내 자산을 모두 이전하고 등기 처리를 해주었다. 소유하고 있던 건물은 남의 명의로 넘어간 지 오래였다. 최후의 처분마저 끝내자 내게 남은 건 경매 위기에서 건져낸 집 한 채뿐이었다.

하지만 그게 끝이 아니었다. 평소 지인들에게 빌려 쓴 사채는 빚쟁이들보다 두 배의 상처를 남겼다. 내 수중에 돈이 많았을 때는 엎드려 구르는 시늉이라도 할 것 같던 그들은 부도 소식을 듣고 달려와 내 멱살을 잡았다.

"이 쓰레기 같은 자식! 부도 당했으면 우리 돈부터 갚았어야지! 내가 당신 믿고 돈 빌려준 줄 알아?"

"내 돈 안 갚으면 무덤에 눕는 날까지 당신 쫓아다닐 거야!"

폐부를 찌르는 아픈 말들도 나는 견딜 수 있었지만 아내가 무슨 죄랴. 그러나 아내는 그 일촉즉발의 상황 속에서도 심중에 믿음을 지키며 요동치 않았다. 무지한 나는 아내가 나를 믿고 끝까지 견뎌주는 줄로만 알았다.

아내는 신앙을 지켰으나 나에 대한 신뢰를 잃은 지 이미 오래였다. 우리는 법적으로만 부부였지 한 집에서 남처럼 지내며 대화도 하지 않았다. 침대에 누운 아내 옆으로 가려고 하면, 아내는 소스라치게 놀라면서 베개를 들고 작은 방으로 가버렸다.

하루하루 스트레스의 연속이었다. 밖에서는 빚쟁이들에게 치이고 집에서는 아내의 차가운 태도에 삶의 의욕을 잃었다. 아침에 잠자리에서 일어나면 팔이 무척 쑤셨다. 그 나이에 흔한 '오십견' 인줄 알고 병원에 갔더니 의사는 뇌경색 진단을 내렸다. MRI 촬영 결과 뇌혈관으로 통하는 3개의 동맥이 전부 터졌다고 했다. 뇌경색으로 몸을 가눌 수 없는 중풍이 될 수 있다는 말에 나는 절망했다.

'이젠 다 끝난 거야. 사업도 건강도 잃고 집에서 아내를 괴롭히면서 살 바에야…'

그 때는 IMF 직후라 사업이 망해 자살하는 사람이 한 둘이 아니었다. 매스컴에서 목숨을 끊은 사업가에 관한 기사가 나오면 나도 모르게 들여다보게 되었다.

"여보, 내가 만약에 무슨 일이 생기면…"

혹시나 하는 마음에 아내에게 물었더니,

"딴 마음 먹으려거든 우선 돈부터 다 갚아요."

하는 대답이 돌아왔다. 아내가 나를 진심으로 미워하고 있다는 게 느껴졌다.

'이제는 죽자. 나 같은 건 이 세상에 살 자격이 없어.'

자살할 마음을 품고 나는 동해로 무작정 차를 몰았다. 아이들도, 아내도 인정해주지 않는 가장으로서의 삶. 신앙마저 저버렸으니 나는 이제 도망갈 곳이 없었다. 죽음으로써 나의 죄를 털어버리자고, 하나님 앞에 가서 속죄하면 남은 가족들의 삶을 책임져주지 않으시겠냐고 속으로 애통해했다.

강원도의 한 언덕도로에서 차를 세우고 낭떠러지 끝에 섰다. 처음엔 핸들을 꺾어 그대로 떨어지려고 했지만 끝이 너무 비참해보일 것 같았다. 구두를 벗고 한참을 밑을 내려다보고 있으려니 아이들 생각부터 어른거렸다.

'내가 없으면 결손가정이 될 텐데…자라서 나를 원망하겠지…'

그때 성령님께서 내 눈앞에 어린 시절의 내 모습을 떠올려 주셨다. 어린 시절 내가 꿈꾸었던 삶은 가난하지 않고 여유 있고 행복하게 사는 것이었다. 하지만 내가 겪었던 삶이 아이들에게 이어진다면 불행한 악순환이 될 것 같았다. 그런 생각이 들자 아이들을 떠날 용기가 없었다.

‘너는 돌아가야 한다. 도망치는 네 영혼을 나에게 주어라. 그러면 내가 너를 치유하고, 네 가정을 치유할 것이다.’

이러한 성령님의 분명한 음성을 듣고 나는 자살을 포기했다. 내 몸과 영혼은 주님의 것인데, 지난 삶도 내 멋대로 살다가 처참하게 부서졌는데, 마지막 남은 육신의 생명마저도 내 생각대로 하려고 했던 스스로가 미웠다. 하지만 성령님께서는 내게 생명의 말씀과 함께 새 용기를 불어넣어 주셨다.

“너희는 이전 일을 기억하지 말며 옛적 일을 생각하지 말라. 보라 내가 새 일을 행하리니 이제 나타낼 것이라.” (이사야 43:18~19)

회생의 기회를 얻다

아내와 딸들은 하나뿐인 집을 지키기 위해 묘수를 짜내기 시작했다.

살고있던 집을 개조해 어린이집을 차리기로 한 것이다. 보육교사였던 아내가 원장을 맡고 음악 대학을 나온 딸과 조카가 교사로 힘을 보탰다. 나는 동네에서 헌 장난감을 모아 깨끗하게 닦아놓았다. 우리는 ‘백설공주와 일곱 난장이 어린이집’ 으로 이름을 짓고 본격적으로 원아를 모집했다.

아내는 천성이 어린이집 교사 체질이라 아이들이 무척 잘 따랐다. 우리 집은 넓고 앞마당이 있어서 학부모들도 무척 좋아했다. 아내는 아이들에게 직접 밥을 해먹였고, 맞벌이 부부를 위해 늦은 시간까지 아이들을 돌봐주었다. 나는 학부모가 데리러 오지 못하는 아이를 차로 집까지 데려다주었다.

그 무렵 온가족이 어린이집 일을 거드는 나를 보며 상처로 얼룩진 아내의 마음이 누그러지는 듯싶었다. 예전에는 한 방에 함께 앉아 있는 것도 싫어했지만, 어린이집을 개원한 이후로는 나에게 살갑게 말을 걸고 안마를 해주기도 했다. 아내와 말을 않고 지낸지 거의 1년만의 일이었다. 아내는 나와 각방을 쓰던 중에도 나를 위해 끊임없이 기도를 하고 있었다. 육신으로는 내가 밉지만, 영으로는 가정의 머리가 되는 가장이었기에 나를 보듬어주고자 했던 것이다.

아내와의 감정이 조금씩 풀리면서 내 병도 차차 나아지기 시작했다. 언제 후유증이 재발할지 몰라 불안해하고 있는 내게 주님은 훌륭한 의사를 붙여주시고, 약물을 통해 내 몸을 매만지시면서 차차 회복시키셨다. 그 전까지 내 삶은 광야와도 같았지만, 주님과의 관계가 회복되면서 나 역시 평온한 가운데 하루하루를 감사함으로 지낼 수 있었다.

아내를 아내로서 진심으로 존중하게 된 것도 그 무렵이다. 나는 그 전에는 몰랐던 아내의 강인한 면모와 굳건한 신앙을 다시금 확인했다.

아내는 빚을 갚고 생활에 쪼들리는 와중에서도 십일조를 단 한 번도 거르지 않았다. 혹시나 내가 달라고 할까봐 장판 밑에 돈을 숨겨두고 주일이 되면 깨끗한 봉투에 넣어서 헌금했다.

그때도 나는 "여보, 우리 빚 다 갚고 제대로 다시 일어서면 그때 합시다"하고 재촉했다. 그러면 아내는 "이 돈을 건드리면 하나님의 것을 횡령하는 거예요. 돈은 우리가 벌어도 주신 분은 하나님이시니, 10만원을 벌든, 10원을 벌든 하나님께 돌려드려야 해요."하고 나무랐다.

나는 아내의 믿음의 깊이에 새삼 감동했다. 아내는 한 번도 돈을 허투루 써본 적이 없는 사람이다. 수중에 돈이 많든 적든, 언제나 자신의 소박한 양심에 근거해 근검절약하는 아내를 보면 언제나 고개가 절로 숙여진다.

한 번은 아내와 함께 시장에 갔다가 출출해서 붕어빵을 사먹자고 청했다.

10개에 1천 원 하는 붕어빵을 보고 아내는 한참을 망설였다. 지갑에서 돈을 꺼내려는데 아내가 내 팔을 붙들었다.

"집에 가면 밥 있는데 뭘…"

시장에서도 아내는 나와 아이들에게 필요한 물건은 서슴없이 사지만, 자기 물건은 양말 한 짝 사는 것도 버거워한다. 옷은 원단이 헤질 때까지 입고, 구멍 난 덧신은 바느질을 해서 신는다.

아내를 그렇게 만든 건 나다. 사업한답시고 흥청망청 돈을 쓰는 동안, 아내는 집안 살림을 하면서 붕어빵 하나도 마음먹고 못 사는 습관이 들어버린 것이다.

나는 다시는 어리석은 과오로 아내를 고생시키지 않으리라 속으로 다짐했다. 나 또한 아내를 위해 기도하는 남편으로서 평생을 함께 신앙생활 할 것을 약속했다.

하나님께서는 아내가 운영하는 어린이집 사업을 축복해주셨다. 이름도 특별한데다 가족 같은 분위기에서 아이들을 돌봐준다는 소문이 퍼져 옆 동네 학부모들까지 찾아왔다. 우리는 예전처럼 많은 돈을 벌지는 못했지만, 빚을 조금씩 갚으면서 경매로 처분될 뻔한 집을 지킬 수 있었다.

그때 나는 건강이 회복되고 아내와 함께 일할 수 있다는 것에 만족했다. 하지만 기도를 할 때면 하나님께서 나에게 무엇인가를 더 요구하고 있다는 것을 느낄 수 있었다.

'하나님, 저는 지금이 참 감사합니다. 이제는 욕심도 부리지 않고 아내와 가족들에게 최선을 다하며 신앙생활 열심히 하겠습니다.'

이렇게 기도하면 내 안에 계신 성령님께서는 '네 삶의 주인은 네가 아니라 바로 나다' 라고 말씀하셨다. 어린이집이 잘 됨으로써 가정이 회복된 것만도 감사한데, 주님은 나에게 더 큰 축복을 예비해놓으신 것 같았다.

하나님이 일깨워주신 사업의 목적

나는 앞길을 놓고 금식기도를 했다. 하나님과의 관계 회복은 겨우 되었지만, 주님께서 애초 뜻하신 바가 무엇인지를 알기 위해 하나님과 독대가 필요했다. 기도하던 중에 주님께서는 철물점을 처음 시작하던 때의 마음가짐을 일깨워주셨다.

'사업을 시작하면서 주님의 뜻을 이룰 수 있게 해달라고 기도했었지…'

그때 내 머릿속을 빠르게 스치고 지나가는 것이 '선교의 비전'이었다. 양구에서 사업을 정리하고 서울에 올라올 무렵, 주님께 선교의 비전을 이룰 수 있게 해달라고 간구했었다. 하지만 이후 사업이 잘 되고 욕심이 커지면서, 애초 주님과 약속한 선교의 비전을 까맣게 잊고 있었던 것이다.

'아, 주님…. 제가 어떻게 하면 주의 뜻을 이룰 수 있을까요?'

하나님께서는 내게 사업자면허가 아직 살아 있다는 것을 알게 해주셨다.

'그래, 창호 공사업을 해보면 어떨까? 남을 속이면서 돈을 버는 사업체가 아닌, 청렴하고 깨끗한 건설 회사를 만들어보는 거야!'

나는 곧바로 건설면허를 내고 작은 회사를 차렸다. 손에 쥔 건 아무것도 없었지만, 주님께서 함께 하신다는 확신을 갖자 마음이 든든했다. 부도를 맞은 전력이 있기에 직접 영업을 다닐 수는 없었다. 당시 큰 아들이 나를 돕겠다고 나서 대표자 명의를 아들 앞으로 해두었다. 그런 다음 부도를 당하기 전 알고 지내던 지인들을 찾아다니면서 공사 일감을 수주했다.

사업을 재개하면서 내가 뛰어든 분야는 관급 공사였다. 예전에 하던 금속창호 공사 경력을 내세워 정부의 공사 입찰을 따내기 시작했다. 관급 공사의 특성상 선급금을 받았는데, 그 돈으로 빚을 갚으며 굵직한 빚들을 조금씩 줄여나갔다. 부도를 맞을 당시 처분한 땅이 시가로 50억원 가량 되었는데, 주님은 3년 만에 이를 모두 되찾을 수 있도록 해주셨다.

사업이 점차 회복되고 있을 때, 기도 중에 성령님의 조용한 음성이 들렸다.

'이제 내가 너를 또 한 번 시험하리라. 네가 아브라함처럼 나를 청종하고, 믿음을 배반하지 않으면 내가 너를 창대케 하리라.'

주님이 나를 또 다시 시험한다는 것이 무슨 뜻인지 알 수 없었다. 나에게 더 이상의 불행은 없다고 생각했고, 사업이 다시 망한다는 건 상상할 수 없었다. 나는 불안한 마음에 더욱 몸가짐을 조심하며 신앙생활에서도 흔들리지 않았다. 매일 새벽기도를 나가며 주님과 동행하면서도, 혹시 나도 모르는 사이에 범죄 한 일은 없는지 날마다 돌아보았다.

위기는 얼마 지나지 않아 내게 닥쳐왔다. 외부에서 거래처 사람을 만나고 있는데 아들에게 전화가 걸려 왔다.

"아버지 큰일 났어요. W산업이 부도를 냈어요."

가슴이 철렁했다. 드디어 올 것이 왔다고 생각했다. W산업은 재무구조가 상당히 건실한 회사였는데, 사장이 회사 돈을 횡령하는 바람에 회사가 한 순간에 무너진 것이다. 당시 1억 부도는 사업 기반이 흔들릴 정도로 큰 규모는 아니었지만, 나로서는 적잖은 부채를 떠안게 된 셈이었다.

'주님께서 부도를 통해 나를 다시 한 번 시험하시는구나.'

나는 흥분하지 않고 마음속으로 차분하게 위기를 받아들였다.

회사에 도착하자 부도소식을 어떻게 들었는지 빚쟁이들이 돈을 갚으라고 아우성이었다. 1억의 부채 중에선 굳이 갚지 않아도 될 부분도 포함돼 있었다. 하지만 나는 주님이 주시는 시험을 회피하고 싶지 않았다. 어찌되었든 자신들의 피 같은 돈을 잃은 사람들이고, 나에겐 물질이 있으니 나를 물고 늘어지는 건 당연했다.

'나도 부도로 한 번 된통 당했는데, 이참에 조용히 도망가 버려?'

한편으론 이런 악한 마음이 없는 것도 아니었다. 어째서 나만 청렴해야 하고, 정직하게 손해 본 그대로 당해야만 한단 말인가. 세상은 편법으로 가득하고, 또 편법을 쓰는 이들이 주무르고 있는데 정직한 사람만 손해 보는 것 아닌가.

하지만 성령님께서 내게 말씀하신 시험은 물질적 손해가 아닌 양심과 도덕의 시험이었다. 그 순간 내게 중요한 건 하나님의 사업을 맡은 청지기로서 끝까지 정직할 수 있는가 하는 문제였다.

나는 돈을 달라고 요구한 빚쟁이들에게 손해 본 돈을 깨끗하게 되돌려주었다. 관행과 편법을 탈피해 하나님의 법과 도를 지키는 사업가로 남고 싶었다. 빚을 되갚고 난 날 기쁜 마음으로 하나님께 감사를 드릴 수 있었다. 1억을 이유 없이 손해 봤지만, 떳떳한 주님의 일꾼으로 인정받으며 더 큰 일을 할 수 있는 자격을 갖추게 된 셈이었다.

새로운 신앙의 터전으로 가리라

사업을 다시 시작하면서 하나님과 약속한 것이 있었다.

'주님, 제가 어떠한 일이 있어도 십일조는 철저하게 하겠습니다. 10억을 벌든, 100억을 벌든, 그 10분의 1은 반드시 주님 앞에 바치겠습니다.'

이건 아내가 내게 가르쳐준 십일조의 원칙이다. 당연한 원칙인데 어리석은 나는 사업을 하며 먼 길을 돌아서 뒤늦게 십일조의 비밀을 배웠다.

또 한 가지는 '주님의 선교에 물질적 후원을 아끼지 않겠다' 는 것이었다. 주의 종이 하는 일이라면, 얼마가 필요하든 하나님의 뜻을 이루기 위해 헌신하겠다는 서원을 했던 것이다.

나는 서울에 올라와서 아내와 함께 신앙생활을 했던 교회에서 평생을 섬기고 싶었다. 힘들고 어려울 때 힘이 되어준 교회이기도 했지만, 아내가 회계집사로 오랫동안 섬겼던 곳이기 때문에 우리 부부에게 소중한 신앙의 터전이었다.

하지만 나는 교회를 옮기는 일을 놓고 기도할 수밖에 없었다. 목사님께서 교회의 공금을 몇 차례 개인적 용도로 사용하셨던 게 문제였다. 처음엔 주님의 종이 하는 일이기에 모른 척하고 순종하는 게 도리라고 생각했지만, 이후에도 그런 모습을 몇 차례나 목격하면서 마음이 완전히 돌아서게 된 것이다.

성도들의 눈물로 맺어진 물질은 절대로 개인적으로 써서는 안 된다고 생각한다. 내가 헌금을 많이 했기 때문이 아니라, 단 돈 10원이라고 해도 주님의 것과 종의 것을 구분하지 않으면 하나님의 의를 이룰 수 없기 때문이다.

목사님의 이러한 행동을 지켜보던 나는 아내와 이 문제를 논의하게 되었다.

"여보, 아무리 순종하려고 했지만 이건 아닌 것 같아. 우리는 하나님의 선교를 위해서 교회를 섬기는 거잖소."

"저도 그렇게 생각해요. 하지만 교회를 옮기는 문제는 좀 더 신중하게 생각해보기로 해요."

회계집사인 아내는 교회 내부의 그러한 문제를 누구보다 잘 아는 당사자였다. 하지만 오랫동안 섬겨온 교회를 하루아침에 옮기는 건 결코 쉬운 문제가 아니었다. 아내와 나는 1년 동안 교회를 옮기는 문제를 놓고 기도한 뒤 마음의 결정을 내리기로 했다.

2005년 12월 24일, 성탄절 전날 밤 아내와 나는 최종적으로 교회를 옮기기로 결정하고 목사님을 찾아뵈었다. 나는 그때 분명 하나님께서 이 과정을 통해 나에게 더욱 큰 비전을 주실 거라는 믿음을 갖고 있었다. 아내는 교회를 떠나기 전에 교회가 목사님이 그동안 베풀어준 은혜에 대한 감사로 헌금을 하자고 제의했다. 우리 가족은 성탄절 아침 예배가 끝난 뒤 목사님을 뵙고 헌금 4천만 원을 드리며 교회를 옮길 뜻을 밝혔다.

목사님은 우리 부부에게 기도해볼 것을 권면했다. 나는 목사님에게 "주님께서 이 과정을 통해 목사님과 우리 부부를 더 크게 축복하시리라 믿습니다"고 말했다. 내 마음이 굳어졌다고 생각하셨는지 목사님은 더 좋은 곳으로 가길 바란다면서 우리 부부에게 축복기도를 해주셨다.

목동제일교회를 만나다

어렵게 교회를 나왔지만 새로운 교회를 찾는 일은 더 힘들었다. 가족들이 함께 은혜를 받을 수 있는 곳을 찾기 위해 많은 예배에 참석했지만, 성령의 감동이 오는 곳은 좀처럼 찾을 수 없었다.

교회를 옮기면서 깨달은 중요한 사실은 '집과 거리가 가까워야 한다는 것이다. 새벽예배를 드릴 수 있고, 교회에 특별한 일이 있으면 곧바로 갈 수 있는 거리에 있어야 한다. 그래야만 주의 일을 올바로 섬길 수 있고 교회와 친밀해질 수 있다. 유명한 목회자들이 담임하는 여러 교회를 찾아다녔지만, 거리가 멀면 아내와 가족들이 다니기 어렵다는 생각에 집 근처의 가까운 교회들을 찾아다녔다.

매주 이 교회 저 교회에서 예배를 드리는 건 곤혹스러운 일이었다. 낮은 마음으로 섬기면 어느 곳이든 내 교회가 될 수 있겠지만, 가족들의 신앙생활을 북돋아줄 수 있는 영적인 목자를 찾는 게 우선이었다.

그러던 중 우연히 어느 교회의 벽에 걸린 부흥성회 포스터를 보게 되었다.

'하나님의 전신갑주를 입으라!'

목동제일교회라는 곳에서 에베소서 6장의 말씀을 주제로 고난주간 부흥성회가 열리고 있었다. 평소 자주 스쳐 지나가면서도 교회가 있다는 생각을 하지 못했던 장소였다. 나는 답답한 마음에 맨 뒷자리에서 은혜라도 받으려고 교회 문을 열고 들어갔다. 마침 찬양이 끝나고 목사님께서 설교를 막 시작하던 참이었다.

"우리는 세상의 방식과 하나님의 방식 중 하나를 선택할 수 있습니다. 대개는 세상의 방식을 선택하면서도 '하나님께서 인도하셨다'고 말하곤 합니다. 하지만 주의 말씀을 따라 순종하는 선택이야말로 진정으로 하나님이 인도하시는 방법입니다."

목사님의 설교는 첫 마디부터 나를 성령으로 사로잡았다. 하나님의 은총을 입기 위해선 철저하게 믿음 위에서 순종해야 한다는 것. 사업을 하면서도 줄곧 내가 잊고 있었던 교훈이 아니었던가. 나는 빨려 들어가듯 목사님의 설교에 집중하면서 내 온 영혼이 활짝 열리는 체험을 했다.

설교가 끝나고 통성기도를 하는데 그렇게 눈물이 쏟아질 수 없었다.

'주여! 방황하는 어린양과 같이 제가 세상 속을 헤매고 있습니다. 오늘 이 시간부터 저는 철저하게 주님께 순종하기 원하오니 내 영혼을 받아주옵소서!'

예배가 끝나고 곧장 목사님을 찾아가 인사를 드리고 등록 의사를 밝혔다. 오후 1시쯤이었는데, 1시간 동안 목사님과 시간 가는 줄 모르고 대화를 나눴다. 나는 목사님에게 선교의 비전을 가진 사업가를 꿈꾸고 있으며, 그렇게 섬길 수 있는 교회를 찾고 있었노라고 고백했다. 마침 목사님께서도 교회의 일꾼으로 쓰임 받는 종을 보내달라는 기도를 해오셨다고 했다. 그야말로 주님의 섭리 안에서 이뤄진 만남이었다.

나는 곧바로 가족들과 함께 목동제일교회에 교인으로 등록을 했다. 아내는 처음 내 말을 듣고 "가족들의 합의 없이 무조건 등록하면 어떡하느냐"며 반대했지만 영적 가장인 내 말을 존중하고 함께 동행해주었다.

땅 끝까지 선교하는 교회

목동제일교회는 '땅끝 선교' '북방선교'를 내건 선교지향적 교회이다. 나는 사업을 다시 시작하면서 '하나님의 선교를 이루는 사업가가 되리라' 작정했던 터라 주님께서 나를 그곳으로 이끌어주셨다고 믿었다.

김성근 목사님께서는 "그들이 그 일을 하게 하라"는 목회 방침을 갖고 있다. 평신도들이 가진 은사를 이끌어내 건강한 리더로 세우는 교회가 바로 목동제일교회다. 이곳에서 성도들은 하나님 안에 살며 그리스도 안에서 성숙을 이뤄나간다. 특히 셀 프로그램을 통해 성도 개개인에게 맞는 신앙교육이 이뤄져 단 한 명의 낙오자 없이 모두가 주님의 일에 쓰임 받을 수 있게 된다.

나와 가족들은 신앙교육 프로그램을 통해 이전에는 몰랐던 체계적이고 깊이 있는 말씀을 공부했다. 각자가 몰랐던 내면의 역량을 이끌어내 하나님의 일에 헌신할 수 있게 되었다.

목동제일교회의 신앙교육 프로그램은 그리스도인을 야구 경기를 하는 선수로 비유한다. 교인이 되기로 결심한 사람은 일단 타석에서 들어선 셈이다. 공을 치고 1루로 향하면서 예수님에 대해 알아 간다.

1루에 성공적으로 진출한 뒤에는 2루를 향해 성숙한 그리스도인으로 성장해 간다. 이를 통해 섬김의 기쁨과 보람을 알게 되고, 나보다 남을 높여주는 높은 신앙인격으로 자란다. 3루를 돌아 헌신한 사역자가 된 사람은 그리스도를 증거하며 다시 홈으로 들어오는 평신도 사역자로서의 임무를 완수하게 된다.

목동제일교회에 와서 가장 두드러지게 달라진 점은 바로 새벽기도의 깊이를 얻은 것이다. 그동안 새벽기도는 꾸준히 하고 있었지만, 하나님과의 깊은 교제보다 내 간구할 바를 얻는 통로로써 여겼던 부분이 더 많았다. 하지만 달라진 나의 신앙생활을 통해 새벽기도에 참석하면서, 옛사람의 허물이 벗어지고 하루를 온전히 주님께 바치는 법을 배우게 되었다.

알람을 맞추지 않아도 새벽시간에 저절로 눈이 떠졌다. 내 안에 계신 성령님께서 조금의 오차도 없이 내 의식을 깨우셨다. 잠을 깬 얼굴로 옷을 챙겨 입고 있으면, 아내 역시 나와 함께 나설 채비를 한다. 아내는 그동안 꾸준히 새벽기도를 해온 습관이 있었기에 영적으로는 늘 나보다 한발 앞서 있다.

예레미야 18장에 보면 그릇이 토기장이의 손을 거쳐 완성되어 가는 비유가 나온다. 나는 새벽기도를 통해 아내와 내가 하나님 보시기에 아름다운 그릇으로 변해가고 있음을 느낄 수 있었다. 비록 처음부터 원하는 모습으로 금방 만들어질 수는 없지만, 다듬고 또 다듬어가면서 하나님이 보시기에 아름다운 토기로 변모해가는 것이다.

"진흙으로 만든 그릇이 토기장이의 손에서 파상하매 그가 그것으

로 자기 의견에 선한대로 다른 그릇을 만들더라."(렘 18:4)

주님께서 경영하시는 데이빗종합건설

교회를 옮기고 난 뒤에 나는 주의 나라를 넓히는 일에 쓰임 받는 사업가가 되기로 결심했다. 그러한 각오를 담아 설립한 회사가 바로 데이빗종합건설이다. 그 전까지는 금속창호전문 건설업을 했다면 데이빗종합건설을 통해 다방면의 분야로 뻗어나가겠다는 계획을 갖고 있었다. 나는 손자의 이름인 '데이빗'을 따서 하나님 앞에 회사를 바치겠다고 서원했다.

현재 데이빗종합건설을 포함해 내가 직접 경영하거나 경영에 관여하고 있는 회사는 총 3곳이다.

첫 번째로는 1989년에는 설립한 광산산업이다. 광산산업은 강구조사업을 위주로 하고 있으며, 동종업계에서는 국내에서 다섯 번째로 큰 회사다. 서해안 고속도로 입구에 100m 규모의 육중한 육교를 건설하기도 했다.

2002년에 종합건설 회사인 데이빗종합건설를 설립하게 된 이후 2003년에는 임대전문업체인 남광산업을, 2005년에 광산스틸을 설립했다.

처음 부도가 났을 당시만 해도 문어발식 투자에 급급했다면 현재 경영하는 회사들은 온전히 주님의 선한 목적에 쓰임받기 위해 운영되고 있다. 신기한 것은 돈에 대한 욕심을 내려놓고 선교의 비전을 품고

난 뒤에 사업의 규모가 예전보다 더욱 커졌다는 것이다.

이렇게 말하면 어떤 이들은 "결국은 돈 벌기 위해 하는 일 아니냐"고 반문할지 모른다. 맞는 말이다. 회사가 돌아가는 목적은 첫째가 이윤이요, 장사꾼 정신도 "팔아서 남기자"가 모토다. 하지만 다른 점이 하나 있다. "무엇을 위해 돈을 벌며, 어떻게 돈을 쓸 것인가" 하는 목적의식이 바로 그것이다.

나는 부도를 두 번이나 당한 뒤로 이미 물질적인 부분은 하나님께 맡겨드렸다. 내 개인적인 잇속이나 탐욕을 부렸다면, 아마 하나님께서 그 만큼의 사업을 맡겨주지도 않으셨을 것이다. 현재 하고 있는 사업들은 첫째 하나님 나라의 확장을 위해 공헌하고, 둘째로는 선교의 비전을 추구하는 것이 목표다. 그렇기 때문에 나는 내가 경영하는 회사들이 이 사회의 빛과 소금의 역할을 감당하고 있다고 확신한다. 이 사업을 통해 하나님의 영광을 드러내는 일에 쓰임 받을 수 있다고 믿는 것이다.

누군가는 "이렇게 큰 사업체를 경영하시려면 얼마나 힘드십니까" 하고 묻기도 한다. 그러면 나는 "내가 경영하는 게 아니라 하나님께서 직접 경영하시기 때문에 저는 힘들지 않습니다"라고 말한다. 주님께서 나를 분명하게 들어 쓰고 있다는 사실을 알기에, 감히 내가 사업을 경영하고 있다고 말하지 않는다.

지난날의 허랑방탕한 세월, 자살 기도, 2차례의 부도… 이 모든 시련 중에서도 주님은 늘 같은 자리에서 나를 부르고 계셨다. 나와 함께 동행하며 땅 끝까지 복음을 전하자 말씀하시는 주님을 이제는 전적으로 신뢰하고 있다.

제4장

소중한 사람들을 만나게 하신 하나님

신앙생활의 전환점이 된 성지순례

내 신앙생활의 가장 큰 전환점이 된 것이 무엇이냐고 묻는다면 성지순례를 꼽고 싶다. 하나님 앞에 선교의 꿈을 품게 된 이후부터 나는 성경 속에 등장하는 고대 근동지방의 역사에 큰 관심이 생겼다.

그동안 목사님들과 교수님들을 모시고 여러 차례 성지순례를 다녀왔다. 하나님께서 역사하신 이스라엘 민족의 흥망성쇠를 직접 눈으로 보고, 성경 말씀을 조금 더 가깝게 체험할 수 있는 기회라는 생각에서다. 요즘이야 성지순례를 관광차원에서 가는 경우도 있지만, 성지순례의 본질은 성경의 역사를 보다 자세히 알고자 함이다.

2006년에 처음 성지순례를 떠났을 당시엔 예루살렘과 여리고, 갈릴

리, 이스탄불을 거쳐 가파도키아와 고나를 들러 다시 이스탄불로 돌아오는 코스였다. 나는 서울 신학대학원 교수이신 권혁승 목사님께서 이끄시는 성지순례 팀과 여행을 떠나기 전부터 성지순례 강의를 들으며 진지한 자세로 성지순례를 계획했다.

'하나님, 저에게 성지순례가 단순한 여행이 아닌, 하나님의 거룩한 역사를 체험하는 장이 되도록 해주세요.'

나는 성지순례를 통해 하나님께서 내게 말씀하시려고 하는 메시지가 분명히 있을 것이라고 생각했다.

기다리던 성지순례의 첫 날, 아내와 처음 공항에서 내려 이스라엘 땅을 밟았던 순간을 지금도 잊지 못한다. 그 땅은 바로 하나님께서 인간을 찾아오셔서 만나고 직접 말씀하시던 계시의 현장이었다. 단순히 성경 속 내용만으로는 이해할 수 없는 현지의 풍토와 문화를 성지순례를 통해 온몸으로 생생하게 느낄 수 있었다.

예수를 믿지 않는 이들은 성경에 기록된 내용이 고대근동의 특정 지역에 위치한 이스라엘의 역사로 제한하곤 한다. 반면 예수를 믿는 이들은 성경의 역사적 의미를 간과하고, 그저 하나님께서 주시는 말씀에만 집중해 성경의 깊은 맛을 제대로 경험하지 못하는 경우도 있다.

성지순례는 이처럼 성경에 대한 무지와 오해를 풀고, 우리의 좁은 문화적 시각을 벗어나 성경에 기록된 역사가 실제로 어떻게 발생했는지를 알게 해주는 좋은 기회다. 나 역시 그동안 성경을 신학적 혹은 윤리적 해석의 도구로 생각하던 것을 탈피하고, 성지순례를 통해 성경 말씀의 깊은 의미를 발견할 수 있었다.

"사무엘상을 보면 다윗이 사울왕의 추적을 피해 엔게디 골짜기에 숨는 내용이 나옵니다. 성경은 다윗이 사울을 죽일 수 있었음에도 불구하고 사울을 살려두었다고 나오는데요. 하지만 사울과 다윗이 이토록 가까운 거리에서 대화할 수 있었을까요? 혹시 이것은 성경 속에서 허구로 지어낸 묘사는 아닐까요?"

교수님의 흥미로운 질문은 나 역시 평소에 궁금했던 내용이기도 했다. 골짜기의 폭이 상대방과의 대화가 가능할 정도로 좁다는 얘기일까? 이것은 엔게디 주변의 지리적 형태를 살펴보면 그 내용을 쉽게 알 수 있다.

엔게디 골짜기에 숨은 비밀

사해와 유대 광야에 위치한 엔게디는 비가 오면 유다 산지에서 흘러 내려오는 빗물로 인해 깊은 계곡이 형성된다. 이 계곡의 중심에 위치한 양쪽 언덕은 눈앞에 상대방의 얼굴이 보일 정도로 가까운 거리인 셈이다. 하지만 깊은 계곡이 가로지르고 있기 때문에 어느 한쪽이 상대를 추격한다는 것은 불가능한 일이다. 추적의 위협을 피하면서도 대화를 나눌 수 있었던 것은 바로 엔게디의 이러한 지리적 특성 때문이다.

이스라엘 민족은 약 2천 년 동안 유랑민족으로 살다가 사해와 근처에 있는 엔게디를 만들고, 이곳에 키부츠라는 작은 군락을 이루고 살았다. 성경에 기록된 대로 '젖과 꿀이 흐르는 땅'에 거주했던 유대 민족들을 떠올려보면, 이들을 향한 하나님의 계획이 그대로 실현되었음을 알 수 있다.

성경이 기록된 시대와 전혀 다른 지리와 문화 속에 살고 잇는 우리들에게는 현장을 직접 보고 체험하지 않으면 성경을 올바로 이해하는 데 어려움을 느낄 수밖에 없다. 마태복음에 등장하는 사마리아인의 비유 역시 그렇다. 이 비유의 지리적 배경을 살펴보면, 예루살렘에서 여리고로 내려가는 길목이다. 해발 800m의 높은 지역에 위치한 예루살렘에서 해저 3,500m에 달하는 여리고까지는 직선거리로는 고작 25km밖에 되지 않는다.

하지만 높낮이의 차이 때문에 1km가 넘는 가파른 지형이 형성되었다. 농산물 재배도 불가능한 이 지역에 양과 염소를 방목하는 유목민들이 살고 있었음을 감안하면, 강도를 만난 유대인의 처지가 얼마나 비관적인지 알 수 있다. 멀쩡한 사람도 일사병에 걸려 생명이 위험한 사막에서 강도에 매를 맞고 쓰러진 사람은 결국 죽을 수밖에 없는 것이다.

하지만 이러한 절박한 상황 속에서도 세 사람이 그의 곁을 지나쳤는데, 하나는 제사장이었고 다른 하나는 레위인이었다. 강도를 만난 사람을 구한 이는 바로 이방인으로 배척받던 사마리아 사람이었다. 당시 의로운 자들로 여겨지던 레위인과 제사장이 그를 외면하고 지나갔다는 것은 무엇을 상징할까.

이처럼 흥미진진한 역사적 배경지식들이 숨어 있는 성지순례 일정은 아내와 내게 큰 영적 도전을 가져다주었다. 우리는 성지순례를 통해 이스라엘이 과연 젖과 꿀이 흐르는 땅임을 눈으로 보았고, 이스라엘과 팔레스타인 성지의 역사적인 반목에 대해서도 배웠다. 살아 있는 성경공부를 하고 싶은 이들이라면 이스라엘 민족의 역사와 성경이 성취된 구체적인 현장을 체험할 수 있는 성지순례를 적극 권한다.

잊지 못할 위대한 선교사들

우리는 하나님께서 순간순간 우리의 삶을 인도하심을 경험한다. 그런데 그 인도하심이 하나님의 뜻을 이루기 위해서 임을 알게 됐다. 부득이 그런 경험을 나누어야겠다.

내가 만난 선교사들 중 하나님께서 아브라함과 멜기세덱을 만나게 하셨듯 특별한 계기로 맺어진 지체들이 많다.

지금도 기억나는 사람은 캐나다 토론토에서 알게 된 한 선교사님이다. 내가 그를 만날 당시 선교사님은 인도와 남아공, 모잠비크 등에서 선교를 하다가 안식을 위해 한국에 잠시 귀국한 상태였다.

아내와 함께 선교사님을 만나러 갔다가 안타까운 사연을 듣게 되었다. 선교에 유용하게 썼던 지프차가 고장이 났는데, 폐차를 하게 되어 차를 새로 사야 할 형편이라는 것이다. 선교사님을 파송한 교회는 재정여건이 어려워 차를 사줄 여건이 못 되었다. 지프차를 사려면 약 5천만 원이 필요했다.

오랜 선교활동으로 심신이 지쳐 있는 선교사님을 위로하기 위해 우리는 함께 제주도 여행을 떠났다. 마르고 쇠약해진 선교사님을 보면서 아내는 연신 눈물을 훔쳤다. 목사님은 여행지에서도 금식 기간 중이라며 일절 음식을 입에 대지 않으셨다.

"어떤 기도제목을 놓고 금식 중이세요?"

내가 묻자 선교사님께서는 대답했다.

"선교지로 돌아가야 할지 아직 뚜렷한 응답을 받지 못했습니다."

"지프차가 없으면 선교를 할 수 없으실 텐데, 당장 차를 마련하는 게 급선무겠네요."

그 말을 하는데 마음에 "차 살 돈의 일부를 보태고 싶다"는 강한 감동이 전해져왔다. 성령님의 지시인 것 같았다. 아내의 얼굴을 보니 역시 나와 같은 생각인 듯싶었다.

그날 밤, 아내와 숙소에서 선교 헌금 문제를 놓고 대화하는데, 아내가 1천만 원을 작정하고 있다고 말했다. 깜짝 놀란 내가,

"당신이 그렇게 큰돈이 어디에 있어?" 하고 묻자 아내는,

"40년 동안 거저 산 줄 알아요? 그만한 돈도 저축 안 한 줄 아세

요?"하고 대답했다.

나는 하나님께서 우리 부부에게 헌금할 마음을 주신 데 대해 감사했다. 때마침 나도 은행에서 2천만 원을 받게 되어 두 사람의 몫을 합하면 지프 값의 일부를 지원할 수 있을 것 같았다.

다음 날 우리 부부는 선교사님에게 3천만 원을 헌금하겠다고 말했다. 선교사님은 거듭 사양하셨지만, "하나님께서 이 돈을 미리 예비해 두셨다"는 우리 부부의 말에 감사함으로 그 돈을 받기로 하셨다.

"이제 금식을 끝내셔도 되겠네요."

내가 이렇게 말하자 선교사님께서는,

"아직 저는 주님에게 응답을 받지 못했습니다."라고 하셨다.

선교지로 가야할 지 말아야 할지 결정짓지 못했다는 것이다. 아내는 나를 불러 "5천만 원을 다 드리는 게 어떻겠냐"고 물었다. 기왕에 헌금할 돈 지프차를 살 돈을 다 마련해주는 게 더 값진 일이라는 것이다.

하지만 5천만 원이라는 돈을 그렇게 선뜻 헌금하는 게 나로선 쉽지 않은 일이었다. 현금이 있다면 망설임 없이 드렸겠지만, 당장 수중에 가진 돈이 그렇게 많지 않았기 때문이다.

제주도에서 돌아온 뒤 우리 부부는 하나님께서 잔금을 채워주실 것을 믿고 계속 기도했다. 선교사님께서 출국하기로 한 날짜는 하루 이틀로 바짝 당겨져 있었다. 나는 결국 거래처에서 받기로 했던 돈을 재촉해 2천만 원을 어렵게 메웠다.

출국 하루 전날 선교사님에게 전화를 걸어 5천만 원 헌금의 뜻을 밝혔더니 깜짝 놀라셨다.

"왜 저에게 5천만 원을 주어야겠다고 결정하셨나요?"

"저희 부부는 선교사님께서 돌아가 주님의 일을 해야 한다고 믿습니다. 아내와 저는 기도를 통해 지프차를 사드리기로 결심했습니다."

이렇게 대답하자 선교사님께서는 "하나님이 나에게 응답을 주셨다"면서 감사의 인사를 전했다. 선교사님은 전날 밤 지프차가 마련되든, 그렇지 않든 선교지로 가겠다는 결심을 세우고 금식을 풀었다고 했다. 그런데 공교롭게도 그 시간은 아내와 내가 선교사님에게 5천만 원을 드리기로 합의한 때였다. 하나님께서는 선교사님과 우리 부부의 기도에 모두 응답하셔서 합력하여 선을 이루신 것이다.

선교사님께 헌금한 날은 마침 우리 부부의 결혼기념일이기도 했다. 아내와 나는 우리 부부의 결혼을 자축하는 대신 주님의 종에게 필요한 돈을 바칠 수 있도록 하신 하나님께 감사했다.

선교사님이 파송된 모잠비크는 아프리카 남동부에 위치한 국가로 세계 최빈국이라는 오명을 벗지 못하고 있다. 선교사님이 현지에 처음 도착했을 때 그곳 주민들이 양을 대접하기 위해 마당에 고기를 널어 놓았는데 파리가 득실대서 차마 먹을 수 없었다는 얘기도 들은 적이 있다.

버스도 기차도 없는 황량한 사막에서 선교사님이 지프를 몰고 복음 사역을 감당할 일을 생각하면 눈물이 맺혔다. 하지만 그곳에서 하나님의 사명을 감당하는데 우리 부부의 정성이 조금이나마 보탬이 될 것이라는 말에 기쁜 마음으로 선교사님을 보내드릴 수 있었다.

장학회의 꿈을 이루다

기독교인이라면 교회의 울타리를 넘어서 사회에 헌신하는 일에도 앞장서야 한다고 믿는다. 하나님이 내게 주신 사명은 복음 선교지만, 믿지 않는 이웃을 위해 봉사하며 빛과 소금의 역할을 감당하는 것도 중요한 과제일 것이다.

하나님이 어떤 사람을 들어 쓰실 때에는 그 사람의 개인적 자질이나 능력은 큰 문제가 되지 않는 것 같다. 만약 개인의 능력만 볼 것 같으면, 나 같은 사람이 큰 사업체를 경영하며 주님의 일에 뛰어들 수 있었을까. 하지만 주님께서는 광야의 목자인 모세를 쓰셨듯, 풍운아 같은 나를 부르시며 사회에 봉사하는 일에도 앞장서도록 하셨다.

하나님이 내게 주신 목표는 지역사회의 헌신이었다.

국제 로터리클럽 3640 지구에 소속된 나는 남한산성로터리의 회장을 맡으면서 지역 사회에서 봉사를 시작했다. 로터리 클럽은 1905년, 미국인 폴 해리스에 의해 창설된 봉사 단체이다. 그가 제안한 로터리 운동은 자기 자신보다 상대를 먼저 배려하며, 어려운 처지에 있는 이웃을 돕는 활동이다.

나는 이 로터리 운동이야말로 이기주의로 점철된 오늘날에 사람들에게 그리스도의 정신을 알릴 수 있는 좋은 기회라고 생각한다. 여행길에서 자신과 무관한 유대인을 아무 조건 없이 도왔던 선한 사마리아인이야말로 오늘날 봉사자들의 좋은 모범이다.

내가 로터리클럽에서 가장 중점적으로 생각했던 분야는 바로 장학사업이다. 가정 형편 때문에 공부하지 못했던 청년들에게 배움의 길을 열어주는 일은 한 국가의 장래를 위해서 꼭 필요한 것이라고 생각했다. 나는 그들이 가난을 부끄러워하거나, 도움 받는 것을 수치스럽게 생각지 않고 당당하게 성장하길 바랐다. 그들이 나중에 우리 사회의 일원이 되었을 때 더 큰 일에 자신이 가진 물질을 내어놓을 것이기 때문이다.

그들의 닫힌 마음을 열어주기 위해서는 물질적 후원만으로는 부족하다. 현실 속 삶의 조건이 전부가 아니라는 것을 깨닫고, 더 큰 그릇으로 성장하기 위해서는 반드시 그리스도의 복음이 필요하다.

한 번은 일찍이 부모를 잃고 혼자서 어렵게 생활을 이어가는 고등학생을 후원한 적이 있었다. 나는 그에게 물질적인 도움뿐 아니라 영적인 멘토가 되어주고 싶었다. 그 아이가 방학에 피자가게에서 아르바이트를 한다고 했을 때, 나는 그에게 몇 통의 편지를 보내주었다.

'너는 결코 혼자가 아니야. 네가 엄마 뱃속에 있을 때부터 너를 알고 돌봐주신 분이 계신단다. 예수 그리스도가 네 마음속에 찾아오면,

네가 겪는 고난과 아픔을 이길 수 있는 힘이 생겨.'

그 학생은 편지가 한 통, 두 통 쌓일 때마다 무슨 생각을 했을까. 나는 기도하는 마음으로 편지를 썼고, 그가 학교생활을 하는 동안 말없이 뒤에서 그를 돌봐주었다. 3년 동안의 후원기간이 끝나고 그는 서울에 유명 대학에 법학과에 진학을 했다. 나와의 관계 또한 대학 진학을 계기로 매듭지어졌다.

그 후 몇 해가 지난 뒤, 그 학생에게서 한 통의 편지가 도착했다. 편지에는 자신을 후원했던 데 대한 고마움과 미안함, 그리고 앞으로의 꿈이 담겨져 있었다. 그 학생은 내 편지를 받을 때마다 돌아가신 아버지를 떠올리며 눈물을 흘렸다고 했다. 무심하게 잊어버릴 줄 알았던 내 편지를 한통도 버리지 않고 모아주었다니 기쁜 일이었다. 그는 나중에 자식을 낳으면 자랑으로 삼을 거라고 말해주기도 했다. 특히 기뻤던 사실은 그 학생이 예수를 믿고 교회에 나가게 되었다는 점이었다.

지금쯤 판사가 되었을 그 학생을 생각하면 나의 작은 도움을 통해 천하보다 귀한 영혼이 사회에 존귀한 존재로 쓰임 받게 되었다는 게 뿌듯하다. 나는 앞으로도 이 땅에 계실 동안 섬김의 삶을 실천한 예수님을 본받아 그리스도의 영광을 드러내는 귀한 사역자로 쓰임 받고 싶다.

신학생들에게 장학금을 주어 한국 교회의 미래를 짊어질 목회자를 양성하는 것 또한 나의 꿈이었다.

마음 한 구석에 품고 있던 이 꿈이 이뤄지게 된 계기는 딸 정화의 서울신학대학교 입학이 계기가 되었다. 당시 딸은 종교음악과에서 4년 동안 장학금을 받으며 단 한 번도 내게 학비를 받아간 적이 없었다. 공부 잘한 딸 덕분에 대학교에서 거저 공부했으니 말하자면 학교에 빚을 진 셈이다.

나는 딸이 학교에 받은 혜택을 돌려줌과 동시에 목회자의 꿈을 품은 학생들이 돈 걱정 없이 학교생활을 할 수 있도록 지원해주고 싶다는 마음이 들었다. 그래서 당시 내가 속해 있던 남광장학회를 통해 장학금 2억 6천여 만원을 전달하며 "성적이 뛰어난 학생들에게 장학금을 주는 데 보태달라"는 뜻을 전했다. 목창균 총장님 또한 우수한 인재를 키우고 예수님의 사역을 이을 목회자를 양성하는 데 큰 도움이 될 거라며 격려해주셨다.

서울신학대학교와의 인연은 이후에도 계속되었다.

2011년에 들어서도 횃불 트리니티 신학대학원에 장학금을 3차례에 걸쳐 지원했고, 앞으로도 정기적인 장학금 후원을 통해 대학의 장학생 배출에 보탬이 되고 싶다. 나는 이러한 장학금 지원이 단순히 한 개인의 생색내기가 아닌, 하나님의 달란트를 활용한 청지기 사명과 하나님 나라 확장을 위해 쓰임 받는 귀한 사역이 될 것이라고 확신한다.

'기도하는 어머니'의 모범을 보여준 아내

아내는 내 사랑스러운 반려자임과 동시에 믿음의 선배다. 믿음의 가정 안에서 남편이 가족들의 신앙을 이끌어가는 모습이 옳다고 하지만, 나는 오랜 시간을 방황한 끝에 아내에게 믿음의 세계를 배웠다.

지난 시간들을 돌이켜 생각해보면 늘 아내에게 감사할 수밖에 없다. 믿지 않는 아내였다면 나를 그토록 끝까지 받아주고 인내해줄 수 있었을까 의문이 들 때도 있다. 아내는 매 순간순간을 주님과 동행한 여성이며, 나의 지난 세월들을 놓고도 남 앞에서 단 한 번도 그 사실을 드러내지 않은 지혜로운 사람이다.

아내는 주님의 은혜 가운데 살고 있다는 결단의 고백으로 날마다 교회에서 헌신하고 있다. 어머니들을 신앙으로 교육하는 '어머니 학교'의 봉사팀장이기도 한 아내는 "기도하는 어머니가 있어야 가정이 산다"고 가르치고 있다.

아내에게 가장 많이 속죄했던 적은 아내가 아팠을 때였다.

저혈압인 아내는 한때 혈압이 40까지 떨어져 숨 쉬기조차 어려운 위험한 고비에 처한 적도 있다. 그때마다 하나님께서는 아내의 병든 육체를 붙들어주시며 위기순간을 넘길 수 있도록 해주셨다.

아내가 아팠던 건 순전히 나 때문이었다. 허구한 날 돈만 외우고 살았으니 그 모습을 지켜보며 오죽 속이 상했을까. 믿음의 길에 서길 바랐던 아내를 두고 나는 세상의 헛된 욕망에 빠져 살았다. 아내는 진심으로 날 미워했을 때조차 한 번도 입으로 험한 말을 한 적이 없다. 오히려 매일 새벽제단을 쌓으며 하나님께 "고집 센 남편의 의지를 꺾어 달라"고 눈물로 기도했던 사람이다.

그러나 나는 툭하면 아내에게 폭언을 내뱉기 일쑤였다. 일이 잘 안 풀리기라도 하면 괜히 집에 와서 아내의 행동을 트집 잡고 그의 연약한 심령을 괴롭혔다.

"당신은 지금껏 내가 벌어다 준 돈 갖고 살았어. 그거 잊었어?"

아내가 신앙의 권면을 할 때마다 나는 이렇게 쏘아붙였다. 그러면 아내는 덤덤하게 말했다.

"돈 없어도 상관없어요. 우리 예전에 가난했을 때처럼 시장에 나가서 새우젓 팔아요."

그런 아내를 보면서 나는 화가 더욱 치솟았다.

"웃기고 있네! 당신이 장사에 대해 뭘 알기나 해? 육신적인 욕심을 버려라. 늦게 들어오지도 말라. 도대체 나보고 일을 하라는 거야, 말라는 거야?"

"돈보다 신앙생활이 우선이잖아요. 당신이 서울에 와서 어떻게 살겠다고 다짐한 거 잊었어요? 주님께서 지금 당신의 모습을 보고 기뻐하실까요?"

"그럼 당신이 나가서 돈 벌어 와! 집에서 가만히 앉아서 기도만 하면 세상 편하지! 당신이 대체 양심이 있는 여자야, 없는 여자야?"

나는 감정이 격해지고 나면 집안의 물건을 집어던지기도 했다. 지금 생각해보면 폭군도 그런 폭군이 없었다. 만약 아내가 주님을 바라보지 않고 나 하나만을 바라봤다면, 그 즉시 이혼 도장 찍자고 덤벼들었을 것이다.

아내와 결혼한 이후 한 때 "이 사람과 결혼한 게 정말 잘한 일인가?"하고 반문했던 적도 있다. 철모르던 나는 남편을 잘 달래지 못하는 아내가 얄미웠고, 아내로서의 역할을 다 못한다고 생각했었다. 아내는 그보다 더 큰 기도로 내 영혼을 어루만져주고 있었는데도 어리석었던 나는 그 사실을 미처 몰랐다.

하지만 이제야 나는 아내를 비로소 내 사랑하는 동역자이자 하나님께서 만세 전부터 나를 위해 계획해놓으신 평생 배필이라는 것을 가슴 깊이 깨닫고 있다. 어떤 이들은 나이가 들수록 부부 사이의 애정이 식어간다고들 하지만, 우리 부부는 내가 신앙을 회복한 이후 이전보다 더 좋은 관계로 서로를 힘껏 사랑해주고 있다. 아내를 생각할 때면 늘 아가서 말씀의 한 구절이 생각난다.

"나의 사랑하는 자야 어여쁘고 화창하다. 내 사랑하는 자야. 너는 백합화 같구나!"(아가서 1:16)

작은 물질로 선교의 열매를 맺다

아내는 나 모르게 음으로 양으로 물질적 헌신을 꽤 많이 했다. 나야 무슨 일을 하든 어쩔 수 없이 바깥으로 드러나기 마련이지만, 아내는 남을 도울 때도 혼자서 조용히 일을 한다. 때로는 남편인 나에게조차 말을 하지 않아 뒤늦게 그 사실을 알고 놀란 적도 있다.

아내가 단기 선교를 통해 알게 된 한 선교사님은 연변 지역에서 지하교회를 11개나 개척한 꽤 유명하신 분이었다. 예전에 배를 타던 갑판장이었는데, 하나님을 만나고 인생의 방향이 완전히 바뀌었다고 한다. 한 날은 선교지에서 그 분에게 편지가 와서 읽어보니 내용이 꽤나 황당했다. 아내가 며칠 전 선교지에서 쓸 승합차를 사주었다는 것이다.

그날 밤 아내에게 다짜고짜 무슨 차를 사주었냐고 물었더니 아내가 하는 말이다,

"승용차 한 대에 글쎄 10명이 타고 다닌대요. 선교지에서 헌신하다는 것도 고생인데 적어도 차 정도는 편안하게 타야하지 않겠어요? 기도해보니까 제가 결단이 되더라고요."

나는 때로는 나보다 배포가 큰 아내가 무척 존경스럽다. 나였다면 한참을 망설이고 또 망설여 결정할 일도 아내는 단칼에 행동으로 옮겨버린다. 차가 한두 푼 하는 것도 아닌데 그 돈이 어디서 났느냐고 물으면 저축해 둔 통장을 헐었단다. 내가 생활비로 준 돈을 차곡차곡 모아두었다가 선교사님에게 다 주어버린 것이다. 그 날 이후 담대한 아내의 믿음에 나 역시 허리를 바짝 세우게 되었다.

아내는 남 몰래 꼬박꼬박 선교헌금을 내고 있기도 하다. 교회에서 내는 것 말고도 국내의 선교단체를 통해 모잠비크, 남아프리카공화국 등 세계 각국에 물질로 후원하고 있다. 이따금 "선교하는 돈이 너무 많지 않느냐"고 물으면 아내는 늘 이렇게 대답한다.

"하나님께서 만약 당신에게 '내가 너에게 주는 햇빛이 너무 많지 않느냐' 하고 물으신다면 당신은 뭐라고 대답할래요? '햇빛은 당연히 공짜로 주시는 거 아닙니까' 라고 대답하시겠죠? 마찬가지로 생필품이 없고, 사람답게 살 환경이 못 되는 나라에 물질로 후원하는 건 마땅히 해야 할 일이에요."

아, 아내의 이 감격스러운 말이라니! 어쩌다가 주님께서는 내게 이렇게 신실하고 믿음이 좋은 배필을 만나게 해주셨는지, 너무나 감사한 일이다. 어린이집 원장을 내려놓기까지 일과 가정, 신앙이라는 3마리 토끼를 모두 잡은 아내는 이제 오로지 주의 일에만 전념하고 있다. 늘 전도와 선교를 위해 쉬지 않고 헌신하며 주변에 모범이 되는 아내를 보면서 나는 스스로가 참 행복한 남편이라고 생각한다.

우리 부부의 남다른 교육철학

아내가 봉사팀장으로 있는 '어머니 학교' 를 나온 분들이 간혹 이런 질문을 할 때가 있다.

'권사님은 자녀들을 어떻게 키우셨어요?'

자녀 교육에 대해선 나보다 아내가 전문가다. 젊은 시절, 내가 물질을 좇아 밖으로만 돌 때 아내는 집에서 아이들과 함께 오랜 시간을 보내며 힘들고 어려운 순간들을 모두 이겨내었다. 남편인 내게 아이들 문제로 단 한 번도 하소연 하지 않은 걸 보면, 나 역시 아내가 자녀교육을 잘 할 수 있는 비결이 있는지 몹시 궁금해진다.

아내는 아이들이 학교를 졸업하고 성년이 되자 통행금지 시간을 만들었다. 남들은 아이들이 어렸을 때 통행금지를 하고 성년이 되면 자유롭게 풀어둔다고 하지만 우리 부부의 생각은 달랐다. 성년의 시기에 자칫 방종하게 되면 청년 시기는 물론, 인생을 송두리째 망가뜨릴 수 있다고 생각했던 것이다.

아내는 밤 10시가 되어도 아이들이 돌아오지 않으면 현관문 앞에서 서서 기다렸다.

한 번은 큰 아들이 친구들과의 모임 때문에 11시가 되어 집으로 돌아온 적이 있는데, 이날 우리 집은 소돔과 고모라와 같은 크나큰 환란이 있었다.

아들이 문을 열어달라며 벨을 눌렀지만 아내는 꿈쩍도 하지 않았다.

"여보, 왜 문을 안 열어줘?"

내가 문을 열어주려고 하자 아내가 만류하며 아들에게 냉정하게 말했다.

"통금시간을 어겼으니 벌을 받아라."

부모를 1시간 기다리게 했으니 당사자인 아들도 밖에서 1시간을 기다리라는 것이었다. 눈이 내리는 영하의 날씨였는데도 아내는 끝까지 고집을 피웠다. 아들이 아무리 사정을 하면서 얘기를 해도 요지부동이었다. 결국 아들은 1시간을 꼬박 기다리고 나서야 집으로 들어올 수 있었다.

그걸로 끝난 게 아니었다. 아내는 안방에서 조용히 회초리를 꺼내오더니, 아들의 손에 쥐어주면서 "엄마를 60대 때리라"고 말했다. 부모 된 도리로써 자식을 잘못 키웠으니 부모가 매를 맞아야 한다는 것이다. 제 손으로 차마 어미를 때릴 수 없었던 아들은 무릎을 꿇고 빌면서 다시는 통금시간을 어기지 않겠노라 다짐했다.

이렇듯 엄격한 아내 때문에 아이들은 사춘기 시절은 물론, 대학을 나와 결혼을 하기까지 단 한 번도 말썽을 피운 적이 없다. 그렇다고 아내가 독단적으로 아이들을 몰아붙이기만 한 것은 아니었다. 아내는 나와 말다툼을 하는 모습을 아이들이 보면 즉시 사과했다. 매를 들고 난 뒤에는 항상 꼭 껴안고 다독여주면서 "사랑한다"고 말해주었다.

아내는 사랑과 엄함을 동시에 가진 슬기로운 어머니였던 것이다.

철저한 신앙생활이 본보기가 되었음은 물론이다. 아내는 신앙이 무너지면 모든 것이 무너진다는 신념을 아이들이 갖도록 만들었다. 딸이 경주로 수학여행을 갔을 당시 아내가 "부처의 상 앞에서 절대 고개를 숙이지 말라"고 말했던 게 지금도 기억난다.

아내의 열성이 있었기에 아이들 또한 신앙의 반석 위에서 굳건하게 성장해주었다.

태의 열매요 기업인 자녀들

이제는 장성해 한 가정을 꾸리고 아빠 엄마가 된 자녀들을 보면, 하나님께서 나에게 주신 기업의 열매가 풍성한 마음이 든다. 무엇보다 사남매가 믿음의 길을 떠나지 않고, 신앙 안에서 믿음의 가정을 꾸린 것은 모두 하나님의 선하신 계획 때문이라고 생각한다.

아내와 나는 아이들이 어렸을 때 교육의 모든 우선순위를 신앙생활에 두었다. 믿음대로 크고 실천하면 결국 삶이 행복해지리라는 게 내 신앙이었다. 무엇보다 내 젊은 시절을 비춰봤을 때 아이들이 배움이 없어 남에게 손가락질을 받게 해선 안 된다는 강한 고집이 있었다.

하지만 신앙 원칙과 율법을 지나치게 강조했던 교회에서 아이들은 무척 힘들어했다. 주일성수에 대한 엄격함을 지키기 위해 매를 든 적도 꽤 많았다. 나는 이런저런 핑계를 대면서 주일을 거룩하지 않게 보내는 모습을 참을 수 없었다. 아들이 주일 저녁에 누워서 TV를 보고 있기에 발로 걷어찬 적도 있다. 아이는 영문도 모른 채 울고 있는데, 나는 "주일날 네 멋대로 TV를 보면 하나님이 기뻐하시겠냐?"며 호통을 쳤다.

　성경대로 한다고는 했지만 지나친 원칙을 둔 이런 '스파르타식' 교육은 물론 역효과를 냈다. 나는 아이들이 세속에 물들지 않길 바라는 마음으로 그렇게 한 것이지만, 아이들은 학창시절 내내 집안에서 내 눈치를 보면서 말도 제대로 하지 못했다. 가족끼리 대화도 거의 없었다. 사업을 하느라 바쁘기도 했지만, 엄격한 아버지 노릇을 하려니 아이들과 마주앉아 이런저런 얘기를 들어줄 만한 명분이 없었던 것이다.

　큰 아들 정필은 내 호통을 최전방에서 받아내야 했다.
　사남매 중 유일한 아들이었던 정필에게 나는 기대하는 바가 컸다. 당시 "둘만 낳아 잘 기르자"는 정부의 출산정책이 있었지만 나는 넷으로 만족할 수 없었다. 그저 아들이 둘 셋씩 있어서 아버지랑 목욕탕에도 가고, 도란도란 얘기도 나누면 얼마나 좋을까! 옆집의 아무개 아들이 아버지 구두를 닦아놨더라는 말만 들어도 질투가 났다. 자연히 사남매 중 유일한 아들인 정필은 비교대상이 되었다.
　"네 놈은 잘하는 게 뭐냐."
　내 앞에서 배시시 웃고만 있는 아들에게 나는 그렇게 모진 말을 내뱉었다.
　"저는 공부보다 운동이 좋아요. 운동선수가 될래요."
　아들은 고등학교 때까지 운동을 좋아했다. 공부를 열심히 해서 박

사가 되면 좋으련만 어쩌다가 몸 쓰는 일을 하겠다고 덤비는 지 그때
는 답답하게 이를 데 없었다. 나는 머리를 쥐어박으면서 혼냈다.

"운동해서 커서 뭐 될래? 네가 재능이 있기는 한 거냐?"

"아버지, 저는 공부할 때보다 운동할 때 더 행복해요. 저를 체육대
학에 보내주세요."

경영학을 공부해서 내 뒤를 이어 회사를 꾸려갈 녀석이 기계체조라
니, 피가 거꾸로 솟는 기분이었다. 나는 나 몰래 운동부에 들어간 아
들 녀석을 끌어내어 입시학원에 강제로 등록시켰다. 운동부에서 사귄
친구들도 만나지 못하도록 했다. 정필은 나를 원망하면서 방에 틀어
박혀 며칠 동안 나오지 않았다.

"나중에 제 인생이 실패하면 모두 아버지 때문이에요."

결국 정필은 자신의 재능과 무관한 경영대학에 들어갔다.

억지로 진학했으니 성적이 좋을 리 없었다. 나는 학과 선배들과 술
마시며 시간을 탕진하는 녀석을 붙들어 타일렀다.

"너한테 정말 실망이다. 네가 아버지를 이렇게 실망시켜도 되는 거
냐?"

"전 아버지가 저한테 뭘 기대하는지, 하나님께서 저에게 뭘 원하시
는 지 정말 모르겠다구요!"

정필은 내 앞에서 무릎을 꿇고 울면서 항변했다. 당시 나는 하나밖
에 없는 아들을 아버지보다 훌륭한 인물로 키워내고 싶은 마음을 몰
라주는 녀석이 괘씸했다. 남들은 취업이 안 돼서, 집안 형편이 어려워

서 대학을 그만둔다는데 졸업 후 안정된 삶이 보장된 녀석이 뭐가 부족해서 내 말을 순종하지 못한단 말인가.

아비의 고집을 꺾을 수 없다고 판단한 정필은 결국 내가 바라는 경영학 공부를 무사히 마쳐주었다. 졸업 후, 곧바로 아버지 회사에서 일하고 싶어 하는 아들을 나는 단칼에 거부했다.

"먼저 밑바닥부터 배우거라. 자고로 사람은 고생을 많이 해야 철이 드는 법이다."

나는 정필을 거래처 회사의 말단 사원으로 밀어 넣었다. 그곳 사장에게 경영학 하고는 아무런 관련이 없는 부서에 배치를 해달라고 부탁했다. 청소를 하고 온갖 사무를 담당하는, 그야말로 가장 말단의 업무였다.

얼마 버티지 못하고 뛰쳐나오리라는 내 예상과 달리 정필은 의외로 끈기 있게 버텨주었다. 사내에서도 인정을 받아 경영부서로 전환 배치되었다는 소식도 듣게 되었다. 아마도 거기서 꺾이면 아버지인 나를 떳떳하게 볼 수 없을 거라는 고집 때문이었을 것이다.

거래처에 입사시키고 난 지 6년 만에 정필을 우리 회사의 임원으로 스카우트했다.

그때 마치 어린아이처럼 좋아하던 아들의 모습이 지금도 눈에 선하다. 나에게 인정을 받고 싶었고, 그 한 가지 목표를 위해 20대를 모두 소진한 아들이었기에 이제는 후계자로서의 역량을 마음껏 키워주고 싶었다.

하지만 아들은 이미 체대에 입학시켜 달라며 떼를 쓰던 고등학생이
아니었다. 내 기대와는 완전히 다른 쪽으로 성장해버린 아들이 나는
너무나 낯설었다. 거래처 사장들과의 술자리, 골프 접대…, 이런 것들
을 자연스럽게 몸에 익힌 녀석은 조금씩 세상의 여느 사장들과 비슷
한 모습으로 변해갔다.

그러면서도 겉으로는 주일 예배나 성가대 모임에 빠지지 않으면서
신앙생활을 잘하는 것처럼 보인 정필이는 평소에 멀쩡한 가장이었지
만 세상 친구들과 가까이하면서, 세상 속으로 스며들어가, 점점 나약
한 신앙인이 되어갔다.

그런 정필을 가장 못 견뎌한 사람은 바로 장로님의 딸인 며느리였
다. 밤늦은 시간까지 집으로 돌아오지 않는 남편을 기다리며 애를 태
우는 며느리의 모습은, 마치 나를 기다리던 예전 아내의 모습과도 똑
같았다.

정필을 바꿔놓은 선교 여행

정필이 가까이 지내던 이들은 그보다 나이가 몇 살 많은 선배들이
었다. 아들은 여동생들과 자신을 알아주지 않는 아버지 틈바구니에서
형의 존재를 몹시 그리워했다. 교회 내에서도 자신을 챙겨주는 집사
를 친형처럼 따랐고, 경영대학원 모임에서 알게 된 한 선배와는 의형제

를 맺기도 했다. 그에겐 따뜻한 위로자로서의 아버지의 공백이 너무나 컸다는 걸, 그 당시의 나는 알지 못했다.

나는 나대로 아들의 영적 생활과 앞으로의 미래를 위해 하나님께 끊임없이 중보기도를 했다. 여느 아버지들처럼 아들이 사업에 성공하고 남 보기에 부러워하는 삶을 사는 것은 기대하고 싶지 않았다. 내가 아들에게 바랐던 것은 내 뒤를 이어 믿음의 기업을 잘 키우고, 이를 통해 하나님께 영광 돌리는 삶을 사는 것이었다. 하지만 정필은 성공의 달콤한 열매만을 음미하며 현실에 자꾸만 안주하려 들었다. 이대로는 안 되겠다고 생각했다. 아들을 그대로 두면, 영적인 삶과는 거리를 둔 채 사업의 울타리에 갇힌 속물이 될 것이 뻔했다.

"아무래도 네가 한국에 있어선 안 될 것 같구나."
외국으로 나가라는 내 말에 정필은 화들짝 놀랐다.
"제가 외국에 나가야 할 특별한 이유라도 있나요?"
"회사는 걱정 말거라. 아직 너에게 전적으로 맡길 정도는 아니니까."
"아버지."
"애들도 이제 크잖니. 교육 환경을 생각해서라도 외국에 정착하는 게 좋을 거다."
나는 손자들의 교육 여건을 핑계로 아들 내외를 캐나다로 보낼 작정이었다. 그곳에서 모든 것을 내려놓고 처음부터 시작한다면, 하나님께서 아들과 함께 해주시리라는 확신이 있었다. 며느리 역시 나의 이런 생각을 적극적으로 이해 해주었다.

　큰 아들은 2009년 4월에 캐나다로 이민을 떠났다.

　아들 내외와 함께 살고 싶은 마음은 간절했지만, 애초부터 아들을 하나님께 바치기로 결심한 터라 아쉬움을 참고 기쁨으로 전송할 수 있었다.

　떠날 당시엔 아들의 마음도 착잡했으리라고 생각한다. 태어나서 지금까지 부모의 품을 한 번도 떠나보지 않았던 아들은, 작별의 순간에 애써 덤덤한 척했지만 억누르는 감정을 참지 못해 끝내는 눈물을 보였다.

　나는 공항에서 아들과 며느리의 손을 꼭 붙잡고 기도를 해주었다.

　"하나님, 언어와 문화가 다른 캐나다로 아들 내외가 이민을 갑니다. 생면부지의 땅에서 삶을 새롭게 개척하는 것이 결코 쉽지 않겠으나, 주님의 뜻과 비전을 갖고 담대히 나가오니 언행심사를 인도해 주옵소서."

　비록 몸은 떨어져 있지만 두 아이의 아버지로서 하나님 앞에 책임감 있게 살아가는 아들을 굳게 믿기로 했다. 아들이 캐나다에서 하나님을 모시고 사는 복된 가정으로 살아가기를 진심으로 축복해주었다.

　아들 내외를 보내고 공항을 나서는데 주님께서 내 안에 분명한 음성을 들려주셨다.

　'네 아들은 아브라함과 같이 주님께서 지시한 땅으로 가는 것이다.

그곳에서 또 다른 큰 민족을 이루며 사람들에게 복의 근원이 되는 삶을 살아갈 것이다.'

그 순간 나는 "주님! 임마누엘의 하나님께서 아들을 축복해주실 줄 믿습니다" 하고 감사의 기도를 드렸다. 그때부터 불안하고 초조한 마음은 온 데 간 데 없고, 평안과 기쁨의 찬양이 넘치기 시작했다. 하나님께서 아들을 향한 분명한 계획을 갖고 계시다는 것을 확신했기 때문이다.

아들은 현지에서 한동안 방황의 날들을 보냈다. 자신을 '아웃사이더'로, 버려진 자녀로 인식했던 정필은 내 일방적인 독단으로 인해 마음에 상처를 입었던 것이다. 좀처럼 마음잡지 못하는 아들을 현지에서 사역 중인 선교사님에게 맡겼다. 정필에게 당장 필요한 것이 '성령을 체험하는 것'이라고 생각했던 나는 선교사님을 통해 아들이 인도와 남아공으로 선교 여행을 떠날 수 있도록 독려했다.

선교여행 이후 아들은 몰라보게 달라져 있었다. 성령님께서는 아들에게 선교의 비전을 허락해주셨다. 아들이 영어를 열심히 배우고, 현지에서 집을 수리하는 새로운 일을 시작한 것은 철저한 하나님의 계획하심 가운데 일어난 기적이었다.

정필이 등록한 캐나다 토론토 영락교회는 날마다 뜨거운 은혜가 넘쳐나는 영적인 교회다. 율법주의적 성향이 강한 딱딱한 교회에서 사랑과 은혜가 넘치는 교회로 옮긴 정필은 뒤늦게 새로운 세상을 만나게 되었다. 자신을 돕는 사역자들과 함께 교회의 크고 작은 일을 거들며 찬양사역자로 섬기는 아들을 보면서 하나님의 섬세한 역사를 느낄 수 있었다.

예수님을 닮는 부모가 되는 과정인 '아버지학교'를 거친 아들은 이제 내 마음을 누구보다 잘 아는 자녀가 되었다. 비록 몸은 떨어져 있지만, 늘 기도하는 마음으로 아들을 응원하는 영적인 아버지로 남고 싶다.

정필이를 생각할 때마다 며느리 현명숙의 수고에 감사한다.

아버님은 인천 장로교회 시무장로시고 어머님은 권사님으로 주님을 섬기고 계신다.

모태신앙이며 유복한 가정에서 자랐다.

총신대학교 유아교육학과를 졸업하고 국공립학교 교사와 유치원 영어교사를 하였다. 믿음의 기초가 잘되어 하나님을 경외하는 삶을 살고 있다. 며느리지만 우리 부부에게 딸같고 재치와 유머와 친절로 항상 가정의 화목에 힘쓴다. 우리 가정의 보배이다.

어느날 며느리가 아내에게 보낸 편지의 한 부분이다.

"어머니, 나의 어머니께!

결혼한지 4년 반이 되었네요.

시간이 금방 지난 것 같으면서도, 지나간 시간 돌아보면 한 십년은 지난 것 같이 지금의 생활이 익숙합니다. 제가 농담처럼 정필씨한테 하는 말이 있어요. 정필씨랑 눈뜨고 있을 때 지낸 시간보다 어머니와 지낸 시간이 더 많고, 대화량으로치면 어머니랑 한 대화가 열배는 넘을거라고요.

어머니를 통해서 본 세상은 참 평화로웠어요.

굳센 믿음의 기초위에 교인들과 이웃들과 지내시는 모습이 참 부러웠어요. 어머니 주변에 있는 분들이 어머니를 좋아하고 따르고, 또 더 큰 사랑을 베푸시는 모습이 참 평안했어요. 그런 어머니의 며느리라는 게 어깨 으쓱이고 싶을 정도로 뿌듯하기도 했고, 실제 아무것도 아닌 제가 특히 교회에서 예쁨 받는건 다 어머님 덕분이기도 했구요.… (중략) …전 어머니의 인생을 존경해요.

만일 어머니가 저에게 완벽한 모습만 보여주셨다면 전 어머니를 무서워했을지도 몰라요.

좀이라도 못하면 혼날까봐요.

그런데 어머니는 제게 눈물을 보여주셨고, 하나님께 기도하고 말씀 사모하고 흔들림 없는 신앙의 모습 더 많이 보여주셨어요 정말 감사해요.

요즘 어머니 힘든 모습 속에 우리 가족의 대들보와 같은 큰 믿음을 보며 어머니의 신앙의 힘을 느낍니다. 하나님께서 은혜를 베푸실 것을 믿고 좋은 길로 인도하시기를 간구할께요.

시어머닌지 친정엄마인지 구분도 못하고, 행복에 겨워 별것 아닌것 같고 불평하고 힘들어하는 모습 어머니께 보이고 돌아서면서 내 자신 에게 부끄럽고 어머니께 죄스러운적이 얼마나 많았는지 몰라요. 그런 데 그걸 다 받아주시다니…

전 어머니가 참 좋습니다.
어머니 마음속 깊이 존경하고 사랑합니다.

2005년 성탄절 즈음
현명숙 올림 ”

그후 4년 뒤 캐나다로 떠나면서 보내준 편지의 한 부분이다.

“어머니께
어머니! 감사합니다.
정필씨 낳아 주시고, 마음 따뜻한 사람으로 길러주시고,
부족한 저에게 아내가 되는 기쁨을 누리게 해주셔서 감사드립니다.
정필씨를 위해 수 십년간 쌓아둔 기도들이 앞으로도 응답될 것들
이 많이 있을텐데 제가 곁에 있어 그 복들을 고스란히 함께 누릴 것
을 생각하니 가슴벅차요.
어머니가 제게 쓰신 편지들 고이 간직하며, 제게 해주신 교훈의 말

들, 사랑의 위로의 시간들 제 마음 깊숙한 곳에 담고 약속의 땅을 향합니다.

믿음은 바라는 것들의 실상이라는 말씀 붙잡고 히브리서 11장에 '믿음으로 정필은~' 이라는 간증이 나올 그시간. 하나님의 때를 기다리고 기대해요.

어머니! 제게 엄마 같고, 선생님 같고, 친구 같고, 그리고 가끔은 제 자신 같기도 했어요.

너무너무 사랑하고 존경해요.… (후략) …

2009. 3. 31.
며느리 명숙 드림

주님께서 자녀들을 타국에 보낸 것은 본토와 아비 집을 떠난 아들 가족을 더욱더 창대케 하시리라 믿는다.

위로의 달란트를 가진 정화

정화는 어릴 때부터 노래를 좋아했다. 누가 가르쳐준 것은 아니었지만 성가대 피아노 반주를 하면서 자연스럽게 익숙해졌다. 나중에 정화가 성악을 전공하겠다고 했을 때 나는 적극 찬성했다. 공부 스트레스를 준 아들에 비해 정화는 딸이라서 그런지 보듬어주고, 재능을 북돋을 수 있도록 지원해주었다.

아래로 나이 차이가 나는 동생이 둘이나 있었지만 정화는 엄마의 빈자리를 대신해주었다. 아내와 내가 교회에서 바쁘게 일하고 있을 때는 정화가 동생들을 돌봤다. 매번 엄마를 찾는 아이들을 업어주고 함께 놀아주면서 자라서 그런지, 정화는 또래들보다 조금 일찍 철이 들었던 것 같다.

그런 정화 역시 율법을 강요한 교회의 원칙을 무척 갑갑해했다. 음악을 좋아했지만 늘 찬양 반주만 했었기에 재능을 계발할 수가 없었다. 한 날은 딸이 "왜 우리는 찬송가만 불러야 해?" 하고 반문하는 바람에 무척 당황스러웠다. 하지만 정화는 한 번도 내게 반항하거나 불순종한 적이 없었고, 교회 내에서도 착하고 얌전한 아이로 통했다. 물론 나도 지금까지 정화를 그런 딸로 믿고 존중해주고 있다.

정화를 생각하면 언제나 야무지고 씩씩한 모습이 떠오른다. 내 사업이 부도를 맞은 이후 집을 개조해 어린이집을 개원할 당시에도 딸은 두 팔을 걷어 부치고 나서 주었다. 딸은 집안 곳곳을 어린이집 분위기가 나도록 꾸몄고, 아이들을 가르칠 탁자가 없을 때는 문을 떼어내 탁자 대용으로 쓰자는 아이디어를 내기도 했다.

대학시절 딸이 학교에서 돌아와 내 앞에서 "CCM이라는 찬양을 들었다"고 자랑을 했던 기억이 난다. 찬양이라면 교회 내에서 찬송가 반주밖에 몰랐던 정화는 서울신대 성악과에 들어가더니 "문화적 쇼크를 받았다"면서 내게 많은 얘기를 들려주었다. 자기는 그렇게 감미롭고 은혜로운 음악을 난생 처음 들었다는 것이다. 하나님을 새롭게 찬양할 수 있다는 사실을 배운 딸은 대학을 졸업한 뒤 이태리에서 유학을 마치고 모교에서 잠시 강사를 하다가 결혼과 함께 독일로 떠났다.

정화 남편인, 맏사위 김치경은 북서울교회에서 아버님은 집사님이셨는데, 치경이가 고등학교때 소천하시고 어머니께서는 권사님이시다.

홀어머니께서 양장점을 운영하시며 아들 치경을 음악대학교를 다닐 수 있게 뒷바라지해 주셨고, 독일 만하임대학원을 진학하여 음악박사가 되어 기센국립극단에 잠시 있다가 지금은 만하임 오페라극장에서 단원으로 세계적인 음악인들과 함께 어깨를 나란히하며 한국을 빛내고 있다. 긍지와 자부심을 가지고 하나님의 크신 사랑안에서 주님을 찬양하며 사역하고 있다.

정화를 향한 하나님의 섭리는 깊고도 오묘했다. 독일 프랑크푸르트를 거쳐 기센이라는 도시에 정착한 딸은 만하임이란 도시에 위치한 한인교회를 섬기며 신앙생활을 시작했다. 만하임은 음악대학이 있는 곳으로 한국에서 유학을 온 음악 전공생들이 많이 거주하는 곳이다. 때문에 교인들도 음악 전공자들이 많고 성가대 역시 수준급이다.

교회 내에서 딸에게 맡겨진 임무는 성가대 지휘였다. 기술을 갖춘

단원들의 마음을 하나님과 조화를 이루게 하는 것이 중요했다. 딸은 자신이 가진 영혼으로 하나님을 찬양하는 꿈과 비전을 후배들에게 심어주었다. 매 주일 예배 때마다 하나님께 영광을 돌리며, 지역 사회를 위한 헌신도 꾸준히 했다. 독일 관공서, 시립대학병원, 나아가서는 전쟁의 상흔이 남은 세르비아에까지 찾아가 찬양으로 하나님의 영광을 선포했다.

딸은 우리 가족 내에서 형제들을 치유하는 위로자의 역할도 맡고 있다. 독일과 한국의 물리적 거리도 딸에겐 문제가 되지 않는다. 이메일로, 전화로, 편지로 딸은 가족의 안부를 묻고 집안의 대소사를 전해 들으며 얽힌 관계를 푸는 데 달란트를 발휘한다.

어릴 때부터 동생들을 돌보는 역할을 맡아서 그렇겠지만, 대부분은 기도의 힘이 아닐까싶다.

딸을 축복하신 하나님께서는 쌍둥이를 주셨다. 출산 이후에도 딸은 기센의 양로원 등지를 돌며 마음이 쓸쓸하고 외롭게 사는 노인들을 찾아가 하나님의 복음을 전하고 있다.

정희의 좌충우돌 결혼 성공기

셋째인 딸 정희는 자녀들 중 가장 나를 노심초사하게 만들었다. 어릴 때부터 멋을 워낙 잘 부렸던 딸은 손톱이 제 색깔일 때가 드물 정도였다. 찢어진 청바지는 예사, 머리를 노랗게 물들이는가 하면 어느 여름에는 압구정동에서 모자에 겨울부츠를 신고 썬글래스를 끼고 다니다 한 방송국 뉴스에도 나와 화제의 인물로 나온적도 있다.

정화 역시 정희 문제만은 어쩌지 못했다. 독특한 외모 꾸미기를 제외하면 크게 사고를 치는 경우는 없었지만, 한 건 터뜨릴 때마다 특종 중의 특종이었다.

그러나 주님께서는 그런 정희를 위해 꼭 맞는 배필을 붙여주셨다.

둘째 사위는 정희를 보고 첫 눈에 반했다고 한다. 알록달록한 패션이며 염색한 머리, 심지어는 발톱에 물들인 매니큐어마저 사랑스럽게 보여서 즉각 정희에게 청혼한 것이다. 정희 또한 자신의 개성을 존중해주고 다정다감한 그에게 끌려 청혼을 받아들이게 되었다.

둘째 사위 신승용은 굳건한 믿음의 가정에서 자란 신앙인이다. 장로와 권사 직분을 맡고 있는 사돈 댁 내외도 정희를 마음에 꼭 들어했다. 참으로 신기한 믿음의 인연이 아닐 수 없었다. 하나님께서는 믿음의 자녀들을 축복하시기 위해 세심한 계획을 세워두고 있다는 사실을 다시 한 번 깨달을 수 있었다.

지금은 나와 함께 회사의 경영인으로 내게 큰 힘이 되고 있다.

늦둥이이자 귀염둥이 막내 딸 정미

늦둥이인 막내 정미는 초등학생이 될 때까지 어렸을 때 모세기관지염을 앓아서 병원을 내 집처럼 드나들었기에 더욱 애지중지했다. 사실 나는 정미가 태어나고 아들에 대한 미련을 못 버려서 "하나만 더 낳자"고 아내를 설득했다. 결혼 전에도 5명은 낳아야 한다는 고집 같은 게 있었지만, 아들 하나만 더 보게 되면 당장 천국에 가도 여한이 없을 것 같았다.

하지만 정미를 낳고 난 뒤 아내가 육체적, 정신적으로 무척 힘들어했기에 그러한 꿈을 포기했다. 아들을 하나 더 낳았다면 정미를 금이야 옥이야 키우지 않았을 테니 정미는 막내의 축복을 타고난 셈이다.

막내딸은 고등학생 때부터 '코디네이터'가 되고 싶다고 했다.

평소 꾸미는 것에 대한 취미가 있었기에 그러려니 하고 이해는 했다. 하지만 돈을 주면서까지 가르치고 싶은 마음은 없었다. 시간이 지나면 알아서 포기할 줄 알았기에 "네가 벌어서 네가 학원에 다녀라"고 내버려두었다.

정미는 언니 정화를 졸라서 학원비를 야금야금 타냈다. 아버지 몰래 학원을 다니려니 본인도 아마 무척 힘들었을 것이다. 무엇보다 방송국에 드나들면서 주일을 제대로 지키지 못한다는 게 가장 큰 문제였다. 코디네이터가 얼마나 힘든 직업인지 아느냐며 타이를 때는 콧방귀를 끼던 녀석이, 2박 3일 동안 지방 촬영을 다녀온 며칠 뒤 "코디네이터를 그만두겠다"고 선언했다.

막내는 무슨 일이든 직접 해보고, 본인이 현명한 선택을 내려 재빨리 진로를 결정하는 편이다. 코디네이터를 그만 둔 뒤에도 푸드스타일리스트에 관심을 쏟으며 유명하다는 요리연구가 뒤를 쫓아다니더니 어느 날 "내 할 일이 아니다"면서 꼬리를 바로 내렸다. 무슨 일이든 해보고 그만두는 것과 해보지 않고 무작정 그만두는 것은 인생에 큰 차이가 있다.

딸은 결국 지금 제 엄마가 운영하던 어린이집을 이어받아 아이들을 가르치고 있다. 처음엔 어린이집을 운영하는 것에만 몰두하던 녀석이 아이들의 교육 여건을 개선하기 위해 노력하는 모습을 보면 '사람은 저마다 하나님께서 주신 천직이 있다' 는 생각을 하곤 한다.

정미의 남편 한명훈은 대학교에서 전자공학을 전공했고, 졸업 후 한화전자에서 근무하다가 지금은 한국통신 센터장으로 근무하고 있다.

두 딸과 함께 행복한 가정의 가장으로 신실하며, 기악에 소질이 있고 기타는 수준급이다. 찬양부에서 찬양과 드럼을 한다. 좋은 달란트를 가지고 있으니 주님을 더욱 잘 섬겼으면 좋겠다. 장로님 되도록 노력하기 바라며 신앙 생활을 열심히 하시길 바란다.

딸 정화가 어머니학교를 마치고 난 뒤 쓴 편지

사랑하는 아버지께. 아버지!

언제나 불러도 가슴이 따뜻해지고 편안해져요.

'부도' 라는 말만 들어도 머리가 아파 힘들다는 아버지의 말씀은 제 마음을 울렸습니다. 그 악몽 같던 긴 어둠의 터널, 절대로 끝나지 않을 것만 같았던 시간들…. 하나님은 한쪽 창문을 닫으실 때 다른 창문을 여신다는데, 전혀 빛을 느낄 수 없었던 막막했던 순간들이었어요. 지금 떠올리면 가슴이 먹먹해져요.

저는 아직도 그 날을 잊을 수가 없습니다. 어린이집을 초췌하게 가방을 메고 나가던 축 쳐진 어깨를 바라보던 제 마음이 왜 그렇게 서늘하던지요. 집을 나간 아버지가 돌아오셔서 "너희들 때문에 죽을 수가 없었노라" 하시며 펑펑 우시던 모습은 평생 제 가슴에 남을 것 같아요.

아버지! 늘 기댈 수 있는 든든한 버팀목이셨던 아버지가 우실 땐 '아버지도 사람이구나' 하는 연민을 느꼈어요. 왠지 꼭 안아서 위로해 드리고 싶은 마음이었어요. 그 후로 인간의 머리로는 이해할 수 없는 하나님의 축복과 사랑은 아버지의 특별한 감각과 어우러져 지금까지 아름다운 조화를 이루니 그저 감사할 따름입니다. 이태리 유학 생활 중에도 어머니는 모르셨지만 아버지는 제 학교 시간표를 다 아시고 전화로 격려해주시던 그 사랑을 어찌 제가 헤아릴 수 있겠어요.

지금도 독일에서 멀리 살지만, 늘 전화로 안부를 묻는 아버지의 사랑의 관심은 하늘 아래 그 어느 부모도 해줄 수 없는 큰 사랑입니다. 유학을 마치고 귀국했을 때 결혼 안 하고 멋지게 커리어 우먼으로 살 것 같던 제가 34살에 갑자기 결혼하겠다고 했을 때 많이 놀라셨죠? 지금 생각해보니 어떻게 아버지 반대를 무릅쓰고 결혼한다고 했는지 제가 생각해도 이상해요. 다시 하라면 못할 것 같아요.

제 인생에서 아버지는 늘 바다 같습니다. 그렇게 넓고 헤아리기에는 넓은 그런 사랑이에요. 육체적으로 또 금전적으로 쉬운 그런 외국 생활이 아니지만 제 영혼은 그곳에서 평안해요. 지금은 두 아이의 엄마로 또 한 남자의 아내로 살아가지만 아버지께서 저에게 예비하신 딸로서 부끄럽지 않은 삶을 살겠습니다. 아버지 사랑에 이번에도 한국에 와서 흠뻑 젖어서 또 열심히 살아가는 큰 힘이 되어요.

아버지가 특별하게 베풀어주신 사랑의 관계를 쌍둥이에게도 잘 전해야 할 텐데, 늘 아이들을 대하며 마음뿐 또 인간적으로 제 입장만 내세울 때가 많아요. 아이들에게 좋은 부모가 되어야 하는 건 생각처럼 쉬운 일은 아닌 것 같아요. 하나님께서 맡겨주신 딸들에게 저도 폭포수 같이 큰 하나님의 사랑을 전할 수 있기를 소망해요. 아버지가 제게 베풀어주신 또 기다려주신 그 큰 사랑처럼 말이에요.

아버지! 오래 오래 건강하게 행복하세요! 어머니를 사랑하는 마음이 다른 사람에게 말하지 않아도 늘 느낄 수 있어요. 더도 덜도 말고 꼭

지금처럼 행복하게 사랑하는 어머니 아버지가 되시길 기도합니다. 사
랑합니다.

2011년 5월 24일 어머니 학교를 하며
딸 정화 올림.

제5장

크리스천 기업가로 세우신 하나님

선한 부자를 꿈꾸는 크리스천에게

크리스천 사업가라고 하면 흔히들 이런 질문을 하곤 한다.

"사업하면서 신앙 양심에 걸릴 때가 없나요?"

기독교인이라면 예수를 믿지 않는 이들과 다른 면이 있어야 함은 물론이다. 하지만 현실로 눈을 돌려보면, 여전히 많은 크리스천 사업가들이 성경의 원칙보다 세상의 방식과 기준을 충족시키려고 애를 쓴다.

나 역시 처음 회사를 시작할 때 세상의 섭리에 맞추어 사업을 꾸리곤 했다. 그러다보니 믿음보다는 물질을, 사람보다는 일 자체를 중시하며 원칙과 신뢰를 잃어버린 낙오자로 전락하고 말았다.

세상에 실패하지 않는 사업가는 없다. 하지만 실패를 통해 어떤 교훈을 얻느냐하는 것이 중요하다. 내 경우는 사업을 하는 목적 자체가 선교의 비전과 이 땅의 소금과 같은 기업을 만들어 하나님께 영광 돌리는 데 있었기에 현재의 자리에 오를 수 있었다.

현재 경영하고 있는 회사를 내 것으로 생각하느냐면 결코 그렇지 않다. 지금도 나는 청지기 정신을 갖고 하나님의 사업을 관리하는 사람이라고 생각한다. 하나님께서 내게 주신 것이라면 사업을 통해 우리 가족이 먹고 살 수 있을 만큼의 물질이 전부다. 나머지 것들은 모두 주의 일과 사업을 위해 100% 쓰임 받고 있다.

기독교인이든 그렇지 않든 사람들은 돈을 많이 벌고 싶어 한다. 이유는 간단하다. 이 땅에서 행복하고 평안하게 살기 위해서다.

"돈만 있으면 무엇이든 할 수 있다"라는 말에는 '절반의 진실'이 담겨 있다. 돈을 버는 것이 정말 불행하고, 사람에게 해악이 된다면 그토록 많은 사람들이 돈을 쫓을 이유가 없잖은가.

한 통계에 따르면 사람은 연봉이 8천만 원이 될 때까지는 그럭저럭 돈에 의한 행복감을 느낀다고 한다. 평소 갖고 싶던 것을 사고, 이루지 못한 꿈을 돈으로 성취하면서 "그래, 역시 돈이 최고야"라는 생각을 갖는다는 것이다. 하지만 연봉이 8천만 원을 넘어가면 그 다음에는 1억이 있든, 10억이 있든 행복에 대한 체감은 모두 같다고 한다.

믿기지 않는 사실인가? 하지만 내 경험으로 봐도 돈의 분량과 행복은 결코 비례하지 않는다. 우리가 가끔 정신없이 돈에만 매달리고 살다보면 '내 삶의 행복을 위하여'라는 원칙이 슬그머니 전도된다. 뒤도 돌아보지 않고 정신없이 달렸는데 어느 날 가만히 보니 '내가 무엇 때문에 이렇게 돈을 벌고 있지?' 하고 자신을 되돌아보게 되는 것이다.

이 땅에서 행복한 삶을 위해선 돈이 꼭 필요하다. 하지만 나는 돈 이상의 깊은 행복과 평안함이 예수 안에 있다고 믿는다. 크리스천은 이 땅에서의 삶에 얽매이기보다 천국에서의 영생을 갈망하며 살아야 한다. 그렇지 않을 때 돈에 매이게 되고, 현실에 매이게 된다.

그러면 선한 부자란 정말 존재하지 않는 걸까? 나는 그렇지 않다고 본다. 하나님의 사업에 적극 앞장서며, 내 이웃과 사회를 위해 봉사하는 사업가는 선한 부자가 될 수 있다. 하나님이 자신에게 주신 사명을 간직하고 있다면, 사업을 통해 물질의 축복을 누리는 것은 결코 잘못된 일이 아니다.

오늘날 주변의 크리스천 사업가들을 보면 주변의 의견이나 세상의 통념에 좌우되곤 한다. 하지만 하나님 앞에 받은 사명이 있다면 끝까지 흔들리지 말라고 조언해주고 싶다. 실패 앞에 좌절하지 말고 끝까지 도전하는 자세가 중요하다. 나 역시 2번의 부도를 맞고 죽을 고비도 넘겼지만, 하나님의 인도하심으로 성공한 사업가가 될 수 있었다.

하나님은 분명 합력하여 선을 이루신다. 나 혼자 걸어가는 것 같지만 옆을 보면 십자가를 지신 예수님이 나와 함께 걷고 계신 것이다. 하늘 영광의 면류관을 소망하는 사람은 이 땅의 것에 얽매이지 않는다. "누구든지 자기 목숨을 구하고자 하면 잃을 것이요 누구든지 나와 복음을 위하여자기 목숨을 잃으면 구원하리라"(막8장35절)고 하셨던 예수님 말씀처럼 사업의 성패에 연연하지 말고 깨어 기도하는 자세로 한 길만을 정진해야 한다.

평소 사업에서 중요한 결정을 내릴 때는 늘 기도한 뒤에 결정한다. 생각하고 기도하는 게 아니라 기도한 다음 생각하는 게 중요하다. 이미 내 생각을 정해두고 "주님의 뜻을 구합니다"라고 기도하는 건 거짓이고 위선이다. 일단 내 생각과 마음을 비워두고 하나님께서 말씀하실 여지를 남겨두는 것이 출발점이다.

자신이 진정 하나님의 선한 뜻을 간구하고 있다면, 기도 중에 성령님의 감동이 온다. 성령님의 응답은 내가 생각지도 못한 결론이거나, 정말 피하고 싶었던 대답일 수도 있다. 그 순간의 응답은 사건을 한 가지 측면에서만 보았던 내 생각과 반대의 결론일수도 있을 것이다.

하나님의 응답을 기다리는 사람이 되려면 신앙 인격을 갖추는 게 중요하다. 주님을 구세주로 모시면서 필요할 때만 의견을 묻는 '참고인' 정도로 생각하지는 않았는지 되돌아볼 일이다. 신앙 인격을 갖추기 위해선 날마다 하나님과 동행해야 한다. 예배와 말씀, 찬양과 기도로 하나님께 영광을 돌려드릴 때 주님께서는 그에 합당한 신앙의 인격으로 내게 돌려주신다.

만약 누군가 내게 가장 후회되는 일이 무엇이냐고 물으면 "젊은 시절에 신앙생활을 열심히 하지 못한 것"이라고 답하고 싶다. 허랑방탕한 세월을 지나고 먼 길을 돌아서 주님을 만났지만, 좀 더 빨리 주님과 교제했더라면 더욱 풍성한 신앙의 열매를 맺을 수 있었으리라는 아쉬움이 든다.

"세월을 아끼라 때가 악하니라. 그러므로 어리석은 자가 되지 말고 오직 주의 뜻이 무엇인가 이해하라"는 에베소서의 말씀을 붙들고 이제부터라도 남은 삶을 주님의 뜻에 맞게 사용하고 싶다.

누가 진짜 인재인가?

요즘은 대학 졸업장이 필수인 시대인 것 같다. 우리 회사에 입사하는 신입사원만 봐도 그렇다. 대학을 나오지 않은 사람이 없다. 오히려 고등학교만 나왔다고 하면 눈이 휘둥그레지면서 "왜? 무슨 사정이라도 있었어?" 하고 묻는 사회 풍토가 참으로 격세지감이다.

그러나 전문 학력이 필요한 직업이 아니라면, 대학 졸업장이 그 사람의 인품과 자질을 보장해주는 것은 아니다. 오히려 너도 나도 대학을 나오기 때문에, 그보다 사회생활을 일찍 한 사람이 더 희소한 가치를 지니는 게 아닐까.

나는 대학은커녕 초등학교밖에 졸업하지 못한 소위 '가방 끈이 짧은 사람' 이다. 돈을 벌고 싶어서 초등학교를 졸업하고 가출을 했고, 내 자신을 주최하지 못해 집을 나와 이곳저곳을 떠돌아 다녔다. 여느 평범한 아이들처럼 학교에 다니지 못했던 건 내 불행일지도 모른다. 하지만 그때의 고생했던 시기가 없었더라면 나는 지금의 자리에 오를 수 없었을 것이다.

우리는 한 사람의 인생을 놓고 볼 때는 사회적 통념이라는 정해진 틀로 평가하려는 경향이 있다. 이 사람의 집안은 어떻고, 어느 학교를 나왔는지를 보고 그 사람을 평가한다. 하지만 그 사람의 배경이나 학력만 갖고 인간의 됨됨이를 평가할 수 있는 없다. 물론 지식이나 기술만 놓고 봤을 때는 이러한 이력이 도움이 되겠지만, 회사에 들어와 일을 하는 것은 지식이 아니라 사람이다. 사람 됨됨이나 그릇이 어떠한가에 따라 성과가 갈린다는 얘기다.

지금도 나는 사람을 평가할 때는 인본주의적 잣대가 아닌 믿음의 잣대가 첫째 기준이 된다고 믿고 있다.

이는 내 생각이 너희의 생각과 다르며 내 길은 너희의 길과 다름이니라. 여호와의 말씀이니라. 이는 하늘이 땅보다 높음 같이 내 길은 너희의 길보다 높으며, 내 생각은 너희의 생각보다 높음이니라. (이사야 55:8~9)

나는 세상의 기준으로 보면 울퉁불퉁하고 굴곡진 삶을 살았다. 화려하지도, 결코 모범적이지도 않은 삶이었지만 하나님은 보이지 않게 나를 인도하셨다. 무심코 들렀던 교회에서 주일학교를 알게 되었고,

가출한 이후 떠돌이 생활을 할 때도 성령님을 의지했다. 믿음의 배우자를 만나 27살에 세례를 받았을 때는 "주님께서 나를 택하신 그릇"이라는 확신을 품을 수 있었다.

물론 나에게도 광야와 같은 방황의 세월이 있었다.

30대의 젊은 나이에 건설 회사를 차리고 사장이 된 나는 교만이 하늘을 찔러서 우쭐거리며 욕망에 부풀어 있었다. 하지만 그때도 주님은 나를 버리지 않으시고, 나와 동행해주시면서 풀무불로 내 신앙을 연단해주셨다.

돌이켜보면 내게 방황의 세월이 없었던들, 지금처럼 주님과 깊은 교제가 과연 가능했을까 하는 의문이 든다. 평범하고 남들과 같은 정해진 삶의 코스를 밟았다면, 주님의 마음을 헤아리기 위해 이토록 애를 썼을까? 그렇지 않았을 것이다. 내 욕심과 내 생각대로, 적당히 신앙생활을 하면서 타협하는 비굴한 사람으로 남았을지도 모른다.

주님은 나를 진리의 근본으로 이끌어주시고, 인간과 사물에 대한 통찰력을 주셔서 사업에 성공할 수 있도록 만드셨다. 이러한 주님의 인도하심은 학력이나 이력으로 설명할 수 없으며, 오로지 신앙생활의 잣대로만 평가될 수 있을 것이다.

나는 세상적인 지식과 배경이 없어서 어깨를 움츠리고 있는 젊은이들에게 이렇게 말해주고 싶다.

"내 생각과 짧은 지식을 갖고 하나님의 섭리를 제한하지 말라!"

아무리 어렵고 힘들어도 하나님은 세상의 방식을 비틀어 복을 부어주시는 분이다. 주님을 의지하는 자를 적재적소에 보내서서 주님의 영광을 드러내도록 하신다. 참새 한 마리를 먹이시는 주님께서 사람의 계획을 이끌어주시지 않겠는가?

우리가 할 일은 기도 가운데서 주님께서 내게 맡기신 건강과 물질, 시간을 소중히 다루는 것이다. 게으름 피우지 않고 맡은 바 소임을 다할 때에야 성경에 나오는 슬기로운 처녀들처럼 주님을 기쁘게 영접할 수 있을 것이다.

"주님이 오신 날 슬기 있는 자들이 대답하여 가로되 우리와 너희가 쓰기에 다 부족할까 하노니 차라리 파는 자들에게 가서 너희 쓸 것을 사라. 저희가 사러 간 사이에 신랑이 오므로 준비하였던 자들은 함께 혼인 잔치에 들어가고 문은 닫힌지라. 후에 남은 처녀들이 와서 가로되 주여 주여 우리에게 열어주소서. 대답하여 가로되 진실로 너희에게 이르노니 내가 너희를 알지 못하노라 하였느니라. 그런즉 깨어 있으라. 너희는 그 날과 그 시를 알지 못하느니라." (마태복음 28장 8~13절)

1달란트로 100배의 열매를 거두는 비결

예전에는 달란트라는 말이 참 생소했다. 어릴 때 주일학교에서 달란트 시장을 하면 먹을 것으로 바꿔주는 돈으로 알았지, 하나님이 나에게 주신 소명이란 생각은 미처 하지 못했다.

하나님께서 지으신 인간들은 저마다 각자의 달란트를 갖고 있다. 어떤 사람은 그림을 잘 그리고, 어떤 사람은 말을 잘하며, 나처럼 사업을 하는 사람은 사업가 기질을 갖고 태어난다. 물론 재능 없는 사람이 후천적인 노력을 통해 달란트를 갖게 되는 경우도 있지만, 대개는 하나님께서 주신 남다른 달란트를 계발해 성공하는 사례가 많다.

나는 어릴 때부터 물건을 만지고 부쉈다가 특별한 무엇인가로 재창조하는 일에 재주가 있었다. 라디오를 처음 갖게 되었을 때 부품을 죄다 분해해서 처음부터 똑같이 조립하는 일이 그렇게나 재미있었다. 손재주가 몸의 재능이라면, 지기 싫어하고 무슨 일이든 끝까지 파고드는 승부근성은 정신의 재능이다. 이처럼 몸의 재능과 정신의 재능이 만나면 하나님께서 주신 자신만의 달란트를 비로소 발견하게 된다.

큰 집에는 금과 은의 그릇이 있을 뿐 아니요, 나무와 질그릇도 있어 귀히 쓰는 것도 있고 천히 쓰는 것도 있나니 그러므로 누구든지 이런 것에서 자기를 깨끗하게 하면 귀히 쓰는 그릇이 되어 거룩하고 주인의 쓰임에 합당하며 모든 선한 일에 예비함이 되리라.(디모데후서 2:20~21)

내가 건축 일을 한다고 하면 어떤 사람은 "전공이 건축이냐"고 묻기도 한다. 요즘이야 대학 졸업장 없이는 아무 것도 할 수 없는 세상이지만, 나는 중학교도 나오지 못한 학력이요, 그렇다고 건축공법이나 여러 기술을 배운 전문가도 아니다. 이런 말을 하면 누군가는 비웃을지 모르지만, 나는 이 모든 기술을 다 어깨너머로 배웠다.

한 가지를 보면 열 가지 이상을 깨닫게 되었고, 한 번 만져본 물건은 그 재질과 품질이 어떻게 사용될 수 있었는지 단박에 알 수 있었다. 그러한 통찰력은 내 안의 달란트를 활용해 주님께서 일러주는 것이다. 과학적으로 설계했다는 건축설계도를 봐도 실제 공사에서 어떤 문제가 발생할지 누구도 예측할 수 없다. 하지만 나는 오차 하나까지도 오랜 경험을 통한 직감과 통찰력으로 짚어낼 수 있는 능력을 갖게 되었다.

하나님께서는 왜 내게 이러한 기술을 허락해주셨을까?

그것은 바로 내게 주신 달란트를 통해 하나님의 나라를 확장하며, 주님의 거룩한 선교의 비전을 이뤄가길 바라셨기 때문이다. 주님께서 주신 달란트로 건축회사를 시작하면서 나는 하나님의 성전을 짓는 일에 마음과 정성을 쏟았다.

명일동 명성교회, 서초동 창신교회, 종로 천주교회, 영등포 천주교회, 서초동 천주교회, 응암동 천주교회, 길동 천주교회까지 교회 공사를 연이어 맡을 수 있었던 건 내가 공사를 잘했기 때문이 아니라, 주님께서 내게 그러한 일을 직접 맡겨주셨기 때문이다.

특별히 김삼환 목사님이 담임하고 계신 명성교회가 대한민국을 대표하는 교회로 성장하게 된 것에 나 역시 뿌듯한 마음을 갖고 있다.

우리 회사의 공사 능력이나 경영 상태를 본 교회 건축위원회 집사님들은 열악한 여건에 속으론 실망하셨을 수도 있다. 나 같은 작은 개인 사업자가 대형교회의 공사를 맡을 수 있으리라곤 나 역시 감히 생각지 못한 일이었다.

하지만 하나님은 교회 건축위원회 집사님들과 김삼환 목사님의 마음을 감동시키셨다. 나는 목사님을 면담한 자리에서 "김용현에게 그 일을 주어라"는 하나님의 분명한 음성이 들렸다고 믿는다. 그렇지 않고서야 목사님께서 명성교회 교인도 아닌 내게 그렇듯 큰 공사를 덜컥 맡기실 수 있었겠는가.

주님께서는 '그 일을 얼마나 잘 하느냐' 보다 '그 일을 어떤 마음으로 하느냐' 를 더 주의 깊게 보신다. 당시 나에게는 하나님의 전을 최선을 다해 건축하겠다는 마음이 있었다. 이것이 여느 건축업자보다 먼저 하나님의 마음을 감동시키셨던 게 아닐까.

하나님은 출애굽기에서 모세를 부르시면서 기적을 베푸셨다. 모세가 "이스라엘 백성이 내가 하나님께서 보낸 선지자라는 걸 믿겠습니까"라고 묻자 하나님은 지팡이를 뱀으로 변하게 만든 이적을 행하셨다. 그 지팡이는 모세가 이스라엘 백성을 광야에서 인도하면서 홍해를 가르고 반석에서 물을 내며, 질병을 치료하는 기적을 낳게 한 것이다.

돌이켜보면 진심으로 주님께 두 손을 들고 믿음의 기업을 꾸려가겠다고 하기 전까지는 나에게도 광야와 같은 시간들이 있었다. 사업이 아무리 잘 되고 성공가도를 달리고 있더라도, 주변 사람들이 전부 나에게 박수를 치며 "당신이 가장 위대한 사람"이라고 칭송해도 하나님께서 'No' 라고 하시면 그건 잘못된 삶이다.

나는 이제부터라도 나의 삶을 주님께 거룩한 믿음의 산제사로 바치길 원한다. 그리고 나에게 맡겨주신 사업의 비전을 통해 하나님 나를 확장하는 데 쓰임 받으며, 남은 삶 동안 주님께서 기뻐하시는 일을 하기 위해 최선을 다할 것이다.

제6장

인생의 가치를 알게 하신 하나님

내게 정말 소중한 것

인생은 전반전보다 후반전이 더 중요한 것 같다. 어느덧 중년의 고개를 넘고 지나온 삶을 되돌아보니 "나에게 정말 소중한 것이 무엇인가?" 하고 되묻게 된다. 이런 질문을 아내에게 던졌더니 "당신이 주님을 영접하고 구원받은 거지요"라는 대답이 돌아왔다. 거창한 대답을 기대했더니 뭘 그런 걸 물어보냐는 투다.

아내가 그런 말을 할 때마다 무심코 "그냥 하는 말이겠지" 하고 넘겼던 적이 많다. 나를 존중하는 마음은 이해하지만 아내의 인생에도 무엇인가 목표가 있지 않았을까? 내가 궁금해 하면 아내는 나를 타이르듯 말한다.

"나는 당신이 가장으로서 행복한 가정을 이끌어가는 것이 감사하고 존경스러워요. 지금 하고 있는 일을 통해서 하나님께 영광을 돌리고, 찬양사역과 선교의 열정으로 주님 나라를 넓혀가고 있는데 내게 또 바랄 게 뭐 있겠어요?"

아내의 진지한 태도에 나는 큰 도전을 받는다. 나 역시 아내와 같은 마음이지만 현실 속에서 지나온 내 삶의 목표는 아내의 것과 너무도 달랐다. 예전에 나는 사람이 행복하기 위해서는 첫째가 돈이요, 둘째가 건강이고, 셋째가 가족이라는 세속적인 우선순위를 갖고 살았다.

인간은 종종 하나님 앞에서 모든 게 저절로 이뤄졌다고 오해하기 쉽지만, 사실은 그렇지 않다. 날마다 태양이 뜨고, 규칙적으로 계절이 바뀌며, 오늘 하루 심장이 뛰고 호흡할 수 있는 것은 전부 하나님의 은혜 때문이다. 지금 내게 하나님의 은혜가 있기에 건강도, 가족도, 물질도 내 손에 담길 수 있는 것이다. 하나님이 함께 하지 않으신다면 이 모든 것들은 한순간에 무너지고 말 것이다.

신앙에 있어선 늘 나보다 한걸음 앞서 있는 아내에게는 배울 점이 많다. 아내를 보면 주님과 동행하면서 하나님께 영광 돌리는 삶이 무엇인지 몸소 깨닫게 된다. 오늘 나에게 주어진 하루가 얼마나 감사하고 소중한 것인지 알게 된 이후부터는, 나 또한 주님의 음성에 귀 기울이며 날마다 주님과 동행하려고 노력한다.

"귀인들을 의지하지 말며 도울 힘이 없는 인생도 의지하지 말지니. 그의 호흡이 끊어지면 흙으로 돌아가서 그 날에 그의 생각이 소멸하

 세상에 가치없는 사람은 하나도 없다

리로다. 야곱의 하나님을 자기의 도움으로 삼으며 여호와 자기 하나님에게 자기의 소망을 두는 자는 복이 있도다"(시 146:3~5)

영혼 구령의 소중함

주님께서는 인생의 갈림길에서 새로운 방향을 제시하고자 할 때 사건을 통해 말씀하신다. 타락한 인간이 하나님의 음성을 청종치 않기에 육체의 사건을 통해 영적인 메시지를 전달하시는 것이다.

서울에서 은혜를 받고 신앙생활을 할 때 나는 '우리 가족만 신앙생활을 잘하면 된다' 는 생각을 갖고 있었다. 그런 나에게 아내는 늘 "믿지 않는 자들을 위해 전도하자"고 권면했다. 하지만 내 신앙생활이 비틀거리는데 누군가를 전도할 겨를이 없었다. 당시만 해도 전도해야 할 이유를 전혀 알지 못했었다. 예수님께서는 분명 "한 영혼이 천하보다 귀하다"고 말씀하셨지만, 나는 내 가족이 아닌 타인을 향해 예수의 사랑을 품지 못했다.

초등학생인 아들의 친구와 그의 어머니를 데리고 여름 수련회를 떠났을 때의 일이다. 아내는 해수욕장에 피서도 갈 겸, 믿지 않는 이들과 함께 가면 전도의 기회로 삼을 수 있을 거라며 좋아했다. 그때 나는 이제 막 개업한 샤시 대리점 때문에 하루 늦게 출발하기로 한 상황이었다.

아내와 친구 가족은 선발대로 뽑혀 12인승 승합차에 타고 해수욕장으로 향했다. 20명이 콩나물시루처럼 차안에 있었으니 옆 차들도 그 광경이 신기했을 것이다. 해수욕장으로 가는 길은 한계령 고개를 넘어야 하는데, 운전을 맡은 집사가 하필이면 초보 운전이었다.

결국 휴게소 근처 지점에서 일이 터지고 말았다. 급커브 내리막길에서 속력을 내며 핸들을 꺾다가 차가 미끄러져서 전복되고 만 것이다. 낭떠러지인 내리막길에서 사고가 났다면 큰 인명피해로 이어지게 마련이다.

찬양을 부르던 성도들은 순간적으로 차가 구르면서 그 안에서 뒤엉켰다. 차는 가드레일을 받고 몇 번을 굴러 도로 한쪽에 나뒹굴었다. 자칫 잘못했다간 천 길 낭떠러지 아래로 추락할 뻔했지만 하나님께서 붙들어주신 것이다.

20명이 꽉 끼이게 타서 그랬는지, 차 안에 탄 사람들도 팔다리 등의 골절 외에는 크게 다치지 않았다. 근처를 지나던 시민이 119에 곧바로 신고를 했고, 차안에 갇힌 성도들을 끄집어내 병원으로 후송할 수 있었다.

차가 전복되어 제일 많이 다친 사람이 아내의 친구였다. 갈비뼈가 12대가 부러지고, 아이 또한 골절이 심해 병원에서 3개월을 입원했다. 아내의 친구는 사고 당시 차량의 파편을 맞아 몇 년 동안 병원 신세를 져야만 했다.

어찌 보면 아내의 잘못으로 인해 그런 사고가 발생한 거였다. 수련회에 가자고 하지 않았으면 그런 일을 당하지 않아도 되었을 테니 말이다. 하지만 하나님께서는 아내의 병문안을 통해 위기를 새로운 기회로 바꾸어놓으셨다.

교회 사람들과 함께 사고를 당했으니, 아내가 병문안을 갈 때마다 병원 집사님들이 동행했다. 아내의 친구는 걱정하지 말라고 말했지만, 아내는 꼬박 3개월을 병실을 드나들며 가족처럼 간호에 정성을 쏟았다. 처음엔 아내가 하는 기도를 형식적으로 받아들이던 친구는, 시간이 흐를수록 마음 문이 열리면서 복음을 받아들이기 시작했다.

그 전까지만 해도 "교회는 절대로 나가지 않겠다"고 입버릇처럼 말하던 사람이 예배를 드리고 목사님의 위로의 말을 들으면서 은혜를 받게 된 것이다.

아내는 내게 "하나님께서 사고를 통해 친구를 구원해주실 것 같다"고 말했다. 나는 사고로 가족을 모두 잃을 뻔했는데도, 자신과 가족의 안위보다 친구의 영혼을 생각하는 아내가 서운했다.

"당신은 애들이 다친 것보다 친구가 더 중요한 가봐."

하지만 아내는 나를 타이르듯이 말했다.

"이번 수련회에 친구와 그의 가족을 구원받게 하는 것이 기도제목이었어요. 수련회를 가기 전부터 하나님에게 그렇게 간구했고요. 비록 사고가 나긴 했지만, 하나님께서 제 기도제목을 들어주신 게 결과적으로 감사하잖아요. 그렇게 완강했던 사람이 복음을 받아들이고 예수님의 제자가 되었어요. 친구가 많이 다친 게 못내 가슴 아팠는데, 하나님이 이런 구원의 역사를 베푸시려고 교통사고를 허락하셨나 봐요."

갈비뼈가 부러진 아내의 친구는 퇴원을 하고도 우리 집에서 한 달을 머물다가 집으로 돌아갔다. 퇴원하자마자 세례를 받고 교인이 되었음은 물론이다. 아내의 신앙 덕분에 나 역시 전도의 소중함을 새삼 깨닫게 된 사건이었다.

충성스러운 L집사가 교회에서 쫓겨난 사연

신앙의 열정으로 교회 일을 나서서 맡다보니, 나를 좋게 봐주는 분들이 꽤 많다. 어떤 이는 "집사님을 보면 크리스천 사업가로서 적극적으로 일하는 모습이 보기 좋다"고 하고, 또 다른 이는 "어떻게 하면 믿음으로 가정을 품을 수 있느냐"고 물어보기도 한다. 한결같이 과분한 칭찬들이다.

내 겉모습이나 행동만을 보고 판단을 하는 이들은 쉽게 긍정적인 평가를 내릴 수도 있을 것이다. 하지만 평생 동안 나를 겪어온 아내가 그 말을 듣는다면, 속으로라도 은근히 코웃음을 칠게 분명하다. 그만큼 주님을 만나기 전엔 좌우를 분변치 못했고, 경거망동하며 살아왔던 사람이다.

서울에 처음 와서 교회를 옮겼을 때, 한동안 신앙의 뜨거운 열정으로 교회의 많은 일들을 했다. 증축공사를 할 때 나서기도 했고 성도들에게 무슨 일이 생기면 앞 다퉈 궂은일을 자원하기도 했다.

당시 남전도회 모임을 통해 알게 된 L이라는 집사님이 있다. 당시 개장수를 했던 L은 외모는 험상궂게 생겼지만, 성실하고 믿음이 좋아 교회 내에서도 평판이 매우 좋았다.

나와 L은 부끄럽게도 ‘바울과 바나바’ 라는 별칭으로 불리며 목사님을 도와 교회 내의 이런 저런 일들을 도맡았다. 한 번은 그가 교회 내에서 성도 몇 사람을 불러 모아 성경공부를 한다는 소식을 들었다. 그 말을 듣고 반색하며 “나도 좀 참여해봅시다” 하고 물었더니 “집사님은 안 됩니다” 하고 거절했다. 성경에 대해 초보자인 평신도들 위주로 참여하고 있으니, 직분을 받은 사람은 안 된다는 것이다.

그 순간은 그냥 ‘그런가 보다’ 하고 넘어갔는데, 이후에도 그 모임이 몇 번 열렸다는 말을 들었다. 10여 명의 성도들이 적극적으로 참여해 교회 내에서도 목사님의 칭찬이 자자하다는 것이다. 나는 하도 궁금해 그중 한 명에게 “요즘엔 어떤 말씀을 공부하느냐”고 물어보았다.

“목사님한테서는 듣지 못했던 새로운 말씀이죠.”
모임에 참석한 성도가 내게 말했다.
“어떤 내용인가요?”
“요한계시록에는 이마에 인을 맞은 14만 4천이 천국에 들어간다는 말씀이 나옵니다.”

“요한계시록을 공부하고 있나 봐요?”

“L집사님께서는 그 14만 4천에 들기 위해선 성경을 다시 공부해야 한다고 하십니다.”

“그게 무슨 말인가요?”

“마지막 재림 때에 들림 받는 성도가 되려면, 성경에 계시된 장소, 약속된 선지자를 만나야 한다는 것이죠.”

말을 듣다보니 좀 이상한 생각이 들었다. ‘천년왕국’ 이니 ‘휴거’ 니 하는 말들이 아무래도 성경의 가르침과는 어긋난 얘기였다. 답답한 마음에 L집사를 찾아갔더니, 나를 앉혀놓고 하는 얘기가 더 기가 막혔다.

“집사님, 오늘날처럼 말세를 사는 이들에게는 정확한 말씀의 이해가 필요합니다. 하나님의 뜻을 우리가 다 이해할 수는 없지만, 우리는 성경의 말씀을 통해 깨달을 수 있죠. 집사님은 말씀에 대해, 하나님의 뜻에 대해 얼마나 알고 계십니까?”

그것은 분명히 이단으로 확정된 ‘신천지’ 에 관한 교리임이 틀림없었다. L집사는 신천지의 신도로서 우리 교회에 침투해 성도들을 미혹하고 목사님을 내어 쫓으려는 계획을 갖고 있었던 것이다. 그러나 일부 성도들은 그의 주장과 선동에 이끌려, L집사를 추종하면서 교회 내에서 목사님을 대적하는 무리로 변해갔다.

애초 사역자들이 아닌 평신도 중심으로 성경공부를 한다고 했을 때 미심쩍은 부분이 많았다. 믿음에 굳건하게 섰다고 자부하던 그들이 어쩌다 신천지 같은 이단에 빠질 수 있단 말인가! 무엇보다 충격적이었던 건 나와 함께 교회의 사역을 돕던 L집사가 그토록 흉악한 이단 무리의 한 사람이라는 사실이었다.

며칠 후 목사님을 찾아가 L집사를 당장 교회에서 내보내야 한다고 말했다. 목사님 또한 L집사에 관한 사실을 알고 계셨다. 나는 처음엔 그의 마음을 돌이킬 요량으로 목사님과 함께 L집사를 면담했다.

"집사님, 신천지 교리는 악한 사단이 조장한 말세의 징조입니다. 어서 그 늪에서 빠져나오세요."

그를 붙들고 간절하게 호소했다. 하지만 L집사는 이미 예전에 내가 알던 사람이 아니었다. 내 간곡한 청에도 그는 아랑곳하지 않고, "당신 같은 사람은 결단코 천국에 못 들어간다"고 내게 협박을 했다.

목사님과 교회 장로들은 결국 회의를 통해 L집사를 교회에서 내보내기로 했다. 5년을 교회에서 헌신적으로 봉사하던 사람이 한 순간에 그렇게 변할 수 있다니 나는 어이가 없었다. 아내 역시 그 일로 꽤나 충격을 받은 모양이었다.

L집사가 교회를 나간 후 몇 달 뒤, 그가 운영한다던 사업장을 찾아가 보았다. L집사의 모습은 온데간데없고 야구 모자를 눌러쓴 청년 하나가 있었다.

"여기 사장님은 어디 가셨나요?"

내가 묻자 청년은 "L은 사장이 아니다"라고 대답했다. 알고 보니 L은 그곳의 종업원이었다. 의도적으로 교회에 접근하기 위해 위장취업을 했고, 신분이 발각되자 자취를 감춘 것이다. 개장수라는 직업도 우리 교회에 들어오기 위한 하나의 술수였던 셈이다.

8년 전의 일이니 벌써 내게는 아득한 기억이 되어버렸다. 신천지는 요즘 특히 한국교회의 암적인 존재로 지목되며 어느 교회에서나 경계의 대상이 되었다. 앞서 내 경험을 통해 언급했듯이, 그들은 교회의 일원으로 조용히 합류한다. 그런 다음 교회 식구들을 자기편으로 만들고, 성경 공부를 하자고 유혹하며 성경말씀을 왜곡하는 교리를 가르친다. '이만희' 라는 교주를 믿는 그들의 주장에 따르면 요한계시록에 나오는 14만 4천에 들지 못하면 천국에 갈 수 없기 때문에 신천지에 가입해야 한다는 것이다.

예수님을 그리스도로 믿는 사람이라면 이러한 허황된 논리에 말려들지 않고 자기 신앙을 굳건하게 지켜갈 것이다. 주님께서는 복음서를 통해 말세의 징조를 이미 우리에게 예고해주셨다. 적그리스도가 도처에 출몰하는 이 말세의 시대에, 처음 믿음을 잘 지켜 이단에 빠지지 않도록 주의해야 한다.

"어찌하여 형제의 눈 속에 있는 티는 보고 네 눈 속에 있는 들보는 깨닫지 못하느냐. 네 눈 속에 있는 들보를 보지 못하면서 어찌하여 형제에게 말하기를 형제여 나로 네 눈 속에 있는 티를 빼게 하라 할 수 있느냐. 외식하는 자여, 먼저 네 눈 속에서 들보를 빼라. 그 후에야 네가 밝히 보고 형제의 눈 속에 있는 티를 빼리라.”(누가복음 6:41~42)

이 말씀을 묵상할 때마다 늘 마음에 찔림이 온다. L집사처럼 특별한 경우도 있지만, 사실 우리들 대부분은 자신에게 들보와 같은 죄가 있음을 알지 못하고 남을 탓하는 일에 적극적이다. 제 아무리 성격이 비뚤어진 사람이라도 남의 잘못은 정확하게 지적하는 게 인간이다.

나 역시 죄와 타락의 구덩이에서 건짐 받은 자요, 날마다 주님의 은혜 가운데서 살아야 할 존재임에도 불구하고 죄가 없는 사람인양 내 의를 드러냈던 적이 무척 많다. 입술로는 늘 형제를 사랑한다고 하면서, 무심코 던진 말 한마디로 누군가에게 상처를 입히고 그들을 힘들게 만들었던 건 아닐까.

‘주님, 제가 죄인입니다. 남의 티끌을 보지 않고 제 눈 속에 들보를 보게 하여 주옵소서.’

날마다 책상 앞에 써 붙여야 할 문구인 것 같다. 나는 돌팔이 의사처럼 병들어 썩은 부분을 도려내기는 잘했지만, 상처를 싸매고 치료하는 방법은 몰랐던 사람이다. 주님은 덮어주고 용서하며, 이웃을 사랑하는 모습을 원하실 텐데 나는 바리새인처럼 지적하고 찌르는 일에 앞장서고 살아왔다.

나는 이런 내 모습을 반성하며 늘 이렇게 마음속으로 기도한다.

"앞으로 나의 삶이 형제를 사랑하고 교회가 화목하며 주님의 모습을 닮기까지 성장하는 일에 축복의 통로로 쓰임받기 원합니다."

믿지 않는 사업가들을 주님 품으로 인도하다

교회 내에서 전도회장인 나는 누가 뭐래도 주님의 일에 헌신해야 할 철저한 신앙인이 되었다. 그러나 교회 안에서 성장하고 자라는 것처럼 보이지만, 내적으로는 여전히 어린아이처럼 하나님의 말씀을 갈망하는 모습을 볼 때가 많다.

건설업이라는 직업의 특성상 시시때때로 세상 친구들의 유혹을 받는다. 접대라는 밤 문화의 유혹도 있고, 식사자리에서 돈 봉투가 오가는 불의한 구석도 있기 때문에 늘 경계를 늦추지 말아야 한다.

한 번은 평소 친분 있는 거래처 사장님을 만난 적이 있다. 그런데 이분이 술을 너무 좋아해 식사 후에도 나를 붙들고 놓아주지를 않는 것이다.

"이봐요, 김 사장. 우리 오늘 딱 한 잔만 합니다. 사람이 정중하게 말하면 받아줄 줄도 알아야지."

보통은 한두 번 권하다가 내 쪽에서 완강한 태도를 보이면 포기하는데, 유독 이 사람은 끈질기게 나를 붙들고 늘어졌다. 성격이 호탕하고 사람을 좋아하는 터라, 나와 딱 한 번만 술을 마시면 좋겠다는 것이다. 상식적으로 볼 땐 상대가 이 정도로 나오면 함께 마셔주는 게 도리다. 하지만 나는 점잖게 거절의 의사를 밝혔다.

"사장님에게는 술 한 잔이지만, 저에게는 눈물 한 잔입니다. 제가 술을 마시면 슬퍼하실 분이 제 안에 계시거든요."

이렇게 대답하면 그는 늘 "그 사람 나도 좀 보여 달라"고 농담처럼 말한다. 그리고는 "예수 적당히 좀 믿고 삽시다. 누가 보면 대한민국에 교회 다니는 사람 당신 혼자인 줄 알겠어" 하고 그제야 물러선다.

사람을 많이 만나보면 그에게 믿음이 들어갈 '틈'이 있는지 없는지부터 살피게 된다. 내가 만나본 바로는 그 역시 언젠가는 주님의 품으로 돌아올 사람이다. 어릴 때는 꾸준히 교회에 나갔었는데, 사업을 하면서 신앙과 점차 멀어졌다고 한다. 나와 비슷한 구석도 있고, 성품도 간결한 분이라 머지않아 하나님 품으로 돌아올 거라고 믿는다.

그동안 나처럼 부도를 맞거나, 사업의 실패를 통해 좌절한 사업가들을 여러 명 전도했다. 내가 소속된 교회로 인도하지는 못해도, 그들은 예수를 믿고 신앙인의 길을 걷겠노라고 다짐하는 경우가 많다. 인쇄도매업체를 경영하는 P도 그 중 한 사람이었다.

40대 후반인 그는 중학교를 마치고 집을 가출해 공사판을 전전하며 청소년기를 보냈다. 군대에 가는 대신 외화를 벌겠다며 사우디로 날아가 3년 동안 온갖 고생을 하기도 했다. 한국에 돌아온 이후로는 취직이 안 돼 택시기사, 식당 종업원, 날품팔이 등 안 해본 일이 없었다.

P는 30대 중반까지 어렵게 모은 돈 7천만 원으로 작은 사업을 시작했다. 하지만 세상 물정 몰랐던 그는 사기꾼을 만나 가진 돈까지 전부 잃어버렸다. P가 자살을 시도한 건 어쩌면 당연한 일이었는지도 모른다. 옥상에서 약을 먹고 쓰러진 그를 그 건물에 입주한 A업체 사장이 발견하고 병원으로 옮겼다. 천신만고 끝에 목숨을 건진 P는 눈을 뜨자마자 사장의 멱살을 잡았다.

"당신이 뭔데 나를 살려! 여기 병원비! 앞으로 내 생계비! 당신이 다 책임질 거야?"

물에 빠진 사람 구해줬더니 보따리 내놓으라는 격이었다. 하지만 A업체 사장은 P가 퇴원한 날 그를 종업원으로 고용했다. P의 병원비도 자신이 대신 지불했다. 말 그대로 병원비와 생계비를 책임지기로 한 것이다.

회사에서 일을 배운 P는 10년 뒤 은퇴한 사장의 뒤를 이어 A업체의 대표이사가 되었다. 선한 사마리아인처럼 P의 목숨을 구해준 그 사장은 자신이 평생을 일구었던 사업마저 그에게 물려준 것이다.

내가 P를 만난 것은 2년 전 어느 상공인 단체에서 주최한 세미나를 통해서였다. 나이가 오십이 다 되었지만 그는 몹시 수줍음이 많은 사람이었다. 시골사람처럼 순박하게 생겨서 겉으로만 보면 전혀 사업가처럼 보이지 않았다. P는 미혼이었다. 젊은 시절은 돈을 버느라 바빴고, 사업을 물려받은 이후에도 하루하루를 분주하게 살다보니 세월이 훌쩍 지나가버린 것이다. 성공한 사업가에게 아내가 없다는 건 참으로 안타까운 일이었다.

그와 어느 친분을 쌓은 뒤 나는 조심스럽게 결혼 애기를 꺼내 보았다.

"이제 사업도 성공하셨으니 좋은 배우자를 만나셔야죠."

"제 나이에 누가 저를 거들떠나 보겠습니까."

"결혼 생각은 있으시죠?"

"좋은 사람을 만나야겠다는 생각은 갖고 있습니다만…."

그는 늦깎이 결혼에 대해 자신이 없는 것처럼 보였다.

'옳거니!'

나는 우리 회사 여직원의 H의 얼굴을 떠올렸다. 40대 초반인 그는 홀어머니를 모시고 사느라 아직 시집을 못간 처녀였다. 심성이 순박하고 깨끗한데다 일도 성실하게 잘해 두 사람이 무척 잘 어울리는 한 쌍이 될 것 같았다. 쇠뿔도 단 김에 빼랬다고 두 사람의 동의를 얻어 곧바로 자리를 마련했다.

내 직감은 정확했다. 두 사람은 서로의 삶을 잘 이해하고 있을뿐더러, 상대방의 성품을 마음에 들어 했다. 결국 만남을 주선한 지 3개월 만에 P는 H에게 청혼을 했다. 결혼식을 올리기 전, 나는 H에게 이런 말을 해주었다.

"저 사람은 하나님께서 네게 보내주신 배필이자 구원할 어린 양이야. 무슨 일이 있어도 전도를 해서 교회에 함께 나가야 한다."

신실한 교인이었던 H는 내 말을 전적으로 수긍했다. 그리고 아내가 오래 전 내게 했던 것처럼, 결혼의 전제조건으로 P에게 교회에 함께 나가자고 제안했다. 결국 P는 결혼 후 H가 섬기는 교회에서 세례를 받았고, 지금은 누구보다 예수를 잘 믿는 사업가로 교회 내에서 인정을 받게 되었다.

성숙한 신앙을 갖기 위하여

사람은 흙에서 와서 흙으로 돌아간다.

"나는 누구인가"라는 질문은 사춘기 중학생이 아니더라도 누구나 할 수 있는 고민이다. 그렇다면 나는 정말 어떤 사람인가? 무엇을 위해 지음 받았고 인생의 궁극적 목표는 무엇인가?

시편 2편에 보면 "여호와께서 이르시되 너는 내 아들이라 오늘 내가 너를 낳았도다"라고 말씀하셨다. 아들이 어릴 때는 아버지가 하는 일을 이해하지 못한다. 목수의 아들은 나무토막으로 장난을 칠 뿐, 제 아비가 어떻게 일을 해서 가정을 꾸려가는 지 알지 못한다. 하지만 장성한 아들은 비로소 아버지의 생각을 헤아리며 제 앞가림을 하기 시작한다. 이걸 두고 "철이 들었다"고 말한다.

신앙적으로 철들기 위해서는 어떻게 해야 할까? 그것은 아버지의 마음을 헤아리는 것이다. 아버지의 마음을 헤아리는 법을 몸소 실천하신 분이 바로 예수님이셨다. 예수님께서는 사람을 섬기고 복음을 전파하기 위해 이 땅에 오셨다. 우리 또한 하나님의 아들로서 철이 들려면 예수님처럼 이웃과 세상을 마땅히 섬겨야 하는 것이다.

"주의 성령이 내게 임하셨으니 이는 가난한 자에게 복음을 전하게 하시려고 내게 기름을 부으시고 나를 보내사 포로 된 자에게 자유를, 눈 먼 자에게 다시 보게 함을 전파하며 눌린 자를 자유롭게 하고, 주의 은혜의 해를 전파하게 하려 하심이라 하였더라."(누가복음 4:18~19)

나는 매일 새벽기도를 통해 주님께 "하루만큼 더 철들게 해달라"고 간구하곤 한다. 아버지의 말씀에 순종하고, 주님께서 붙여주신 사람들을 예수의 마음으로 섬기는 것. 그것은 하루아침에 이뤄지는 게 아니라 오랜 순종과 섬김의 삶을 통해 무의식적 행동으로 드러나게 될 것이다.

하나님의 섬김을 실천하는 사람들은 특별한 방법이나 기술을 습득하지 않는다. 오히려 날마다 충성하고 기도하고 찬양하며, 보통 사람들과 똑같은 삶을 살아간다. 하지만 그 마음 안에는 나의 삶 전부를 드려 하나님께 영광을 돌리겠다는 확고한 믿음이 자리 잡고 있다. 그 믿음이 흔들리지 않는 한, 어떤 어려움이나 시련에도 신앙을 배신하지 않는 하나님의 자녀로 인정받을 수 있을 것이다.

나의 삶 전체를 하나님께 바치기 위해서는 성령님의 도움이 필요하다. 자신의 뜻과 생각만으로 신앙생활을 할 수 있는 사람은 아무도 없다. 성령님께서 인도하시고 이끌어주셔야만, 내 안의 신앙의 재료를 활용해 소금의 맛을 낼 수 있는 것이다.

성령이 충만한 사람은 자신이 어디에서 왔는지, 무슨 일을 해야 하는지 분명하게 안다. 반면 자기의 생각과 욕망에 사로잡힌 사람은 믿음이 아닌 신념에 따라 움직이기 때문에, 그 신념이 꺾이면 좌절하며 괴로움을 느끼게 마련이다.

세상에서 하나님의 영광을 드러내는 위대한 인물들은 저마다 연약함을 갖고 있었다.

마틴 루터 킹 목사는 어린 시절 극심한 인종차별을 겪었고, 위대한 전도자인 디 엘 무디는 어린 시절 가난 때문에 구두수선 일에 매달려야 했다. 하지만 그들은 가슴 속에 꿈을 품고 있었다. 바로 성령님의 뜻대로 이끌리는 삶을 살아가리라는 다짐이다.

사도바울은 고린도후서 12장에서 "나를 위하여는 약한 것들 외에 자랑하지 아니하리라"고 고백했다. 내가 한없이 고집을 부리면 주님은 나를 사용하지 않으신다. 나의 약함을 인정하고 주님의 강함을 인정할 때 낮은 곳에서 성령이 충만한 자로서 하나님께 영광을 돌릴 수 있을 것이다.

질병을 고치시는 하나님

나는 일생동안 큰 수술을 받거나 암 같은 중병에 걸려본 적이 없다. 비교적 건강한 체질이다. 하지만 사업 초기에 돈 벌겠다는 욕심이 지나쳐 병치레를 한 적이 있다. 뇌경색과 함께 나를 오랫동안 괴롭혔던 질환이 바로 치질이다.

흔히 병은 알리는 게 좋다고들 하지만, 남한테 쉽게 밝히기 어려운 게 바로 치질이다. 우리나라 국민 중 60~70%가 치질을 앓는다는 사실도 나는 뒤늦게야 알았다. 워낙 자존심이 센 성격인데다 사업을 하느라 분주해서 치질을 대수롭지 않게 생각했다. 그러다 나는 급기야 4기라고 불리는 악성 치질 단계까지 접어들었다.

앉지도 못하고 가만히 서 있는 것조차 몹시 괴로웠다. 걸으면 뒤가 자꾸 거치적거렸고, 변을 볼 때마다 거의 현실과 지옥을 오가는 경험을 했다. 특히 찬바람이 부는 겨울만 되면 더욱 심해져 치질로 인한 스트레스를 아내에게 풀기도 했다.

의사의 말에 따르면 치질의 원인은 생활습관과 밀접한 관련이 있다고 했다. 매일 밤늦게까지 술을 마시고, 식사를 제때 챙겨먹는 일이 드물었으니 어쩌면 당연한 일인지도 모르겠다.

당시 아내는 두 아이를 낳고 몸이 약해진데다 생활고에 시달려 몹시 쇠약해진 상태였다. 그런 아내에게 치질 때문에 아픈 내색을 할 수 없었으니, 나 역시 무척 괴로웠다. 하지만 하나님께서는 수술하기 늦지 않은 상태로 의사를 만나게 하셨고, 좋은 의사를 만나 후유증 없이 수술을 마칠 수 있도록 인도하셨다.

병상에 있을 때는 속으로 하나님을 잠시나마 원망했던 적도 있다.

'하나님이 살아 계시다면, 어떻게 나에게 이런 육체적 가시를 줄 수 있단 말이야? 나는 잘못한 게 하나도 없어. 가족을 위해서 돈 번 죄밖에는…'

예수님께서는 요한복음에서 중풍에 걸린 병자를 치유하시면서 "다시는 죄를 범하지 말라"고 말씀하셨고, 제자들이 소경을 일컬어 "저 사람은 누구의 죄 때문에 눈먼 사람이 되었느냐"고 묻자 "하나님의 영광을 드러내기 위함"이라고 말씀하셨다. 질병은 육체의 죄 때문에 오기도 하지만 하나님의 영광을 드러내기 위해서도 온다. 내 경우는 허랑방탕한 생활에서 온 죄가 몸속에 쌓여 악성치질이라는 병으로 드러났다.

하나님의 영광을 드러내기 위한 병이라면 기도를 통해서도 치유할 수 있을 것이다. 하지만 나는 병상에서 하나님을 불신하기만 했고, 내 병은 절대로 고쳐질 수 없을 것이라고 단정했다. 하지만 인자하신 주님은 질병을 통해 나를 쉬도록 하셨고, 좋은 의사를 만나 치유받을 수 있도록 하셨다.

"예수를 믿는다면서 기도로 질병도 못 고친다니 기적이 어디 있겠어?"

예수님을 모르는 사람들은 치유의 기적을 보지 못했다는 이유로

교회를 야유하기도 한다. 하지만 또한 이런 사람들의 특징은 교회 내에서 치유의 이적이 일어났다고 말하면, "거짓말하지 말라"고 비난하기도 한다. 하지만 반드시 예배 중에 치유가 일어나야만 기적인 것은 아니다.

몸이 질병에 걸린 것은 하나님께서 주신 몸의 균형이 흐트러진 것이다. 몸은 자신의 균형이 흐트러졌을 때 스스로 회복하려는 성향이 있는데, 이 또한 하나님께서 허락하신 치유의 과정이다. 우리가 몸이 아파 의사를 만나는 것 또한 질병을 빠른 시간 내에 치유해주시려는 하나님의 섭리에 속해 있다.

만약 현대 의학으로 고칠 수 없는 중병이 있다면 그것은 마땅히 기도로 고쳐야 할 것이다. 의학으로 되지 않는 것은 초자연적인 역사를 필요로 한다. 출애굽기에서 홍해가 두 갈래로 갈렸던 것처럼 하나님께서 직접 개입하셔야만 가능한 일이다. 나는 이것이야말로 '하나님께서 영광을 받기 위한' 일이라고 생각한다. 때문에 말기 암에서 고침받은 사람들이 간증을 통해 하나님의 영광을 드러내는 것이다.

나는 내 자신의 질병을 통해 하나님의 영광을 드러낼 자신도, 믿음도 없는 사람이었다. 하지만 인자하신 주님은 뇌경색과 악성치질을 병원에서 치료받도록 인도하셨다. 내게는 그것 또한 하나님께서 내 인생에 개입하신 또 하나의 기적이라고 생각한다. 치유를 만드는 기적은 전적으로 신앙인의 믿음에 달려 있다.

요나서의 교훈

돌이켜보면 내 인생은 구약성경에 나오는 요나의 삶과도 같은 것이었다. 요나는 하나님에게 니느웨로 가서 그곳 사람들에게 '하나님의 진노가 크니 회개하라' 고 전파할 것을 명령받는다. 하지만 요나는 니느웨 사람들을 두려워해 하나님의 명령을 거역하고 배를 타고 도망간다.

나 역시 강원도 양구에서 고물상을 하겠다고 결심한 뒤 집을 나섰다가 엉뚱하게 묵호로 빠지게 되었다. 고물상을 하는 것에 대해 분명한 비전을 갖고 있었음에도 묵호로 간 이유는 간단하다. 짧은 시간에 돈을 많이 벌 수 있다는 유혹 때문이었다.

지금도 내 주변을 보면 자신이 가진 재능을 외면하고 단지 돈벌이에만 급급해 사업에 뛰어드는 사람들이 많다. 하지만 시작은 그럴싸해보여도 그 끝은 패망이 기다리고 있음을 명심해야 한다. 나 역시 오징어잡이 배를 타고 번 돈을 도박으로 모두 탕진하고, 끝내는 빈털터리로 묵호를 벗어날 수밖에 없었다.

"여호와께서 대풍을 바다 위에 내리시매 바다 가운데 폭풍이 대작하여 배가 거의 깨어지게 된지라. 사공이 두려워하여 각각 자기의 신을 부르고 또 배를 가볍게 하려고 그 가운데 물건을 바다에 던지니라. 그러나 요나는 배 밑층에 내려가서 누워 깊이 잠이 든지라. 선장이 나아가서 그에게 이르되 자는 자여 어찜이뇨. 일어나서 네 하나님께 구

하라 혹시 하나님이 우리를 생각하사 망하지 않게 하시리라 하니." (요나 1:2~6)

요나는 문제의 원인이 자신에게 있음을 알았다. 하지만 나는 그 당시에도 이유 없이 떠돌면서 내 인생의 목적을 찾기 위해 방황했다. 물고기 뱃속에 갇힌 요나를 건져주신 주님께서는 또 다시 요나에게 말씀하신다.

"일어나 저 큰 성읍 니느웨로 가서 내가 네게 명한 바를 그들에게 선포하라."

양구에서 고물상으로 성공한 뒤로 하나님께서는 내게 "선교를 돕는 사업가의 큰 꿈"을 보여주셨다. 나는 그 꿈을 이루기 위해 서울로 올라왔지만, 물질의 향락에 빠져 또 다시 주님께서 가리키신 방향을 잃어버리고 말았다. 요나처럼 또 한 번 실패한 것이다.

요나서 3장에서 니느웨 사람들은 요나의 경고를 듣고 회개하여 하나님의 심판을 면하였다. 하지만 요나는 강퍅한 니느웨 사람들에게 자꾸만 기회를 주시는 하나님이 못마땅했다. 요나는 결국 투덜대면서 "사는 것보다 죽는 게 나에게 낫다"며 자기 목숨을 취하여 주실 것을 하나님께 간구한다.

나 역시 사업에서 부도를 맛본 후 하나님을 원망하며 신앙이 좌절했던 적이 있다. 하지만 주님은 그런 나에게 다시 한 번 기회를 주시고, 하나님께서 나를 얼마나 사랑하시는지 보여주셨다.

"해가 뜰 때에 하나님이 뜨거운 동풍을 준비하셨고 해는 요나의 머리에 쬐매 요나가 혼곤하여 스스로 죽기를 구하여 가로되. 하나님이 요나에게 이르시되 네가 이 박 넝쿨로 인하여 성냄이 어찌 합당하냐. 그가 대답하되 내가 성내어 죽기까지 할찌라도 합당하니이다. 여호와께서 가라사대 네가 수고도 아니하였고 배양도 아니하였고 하룻밤에 났다가 하룻밤에 망한 이 박 넝쿨을 네가 아꼈거든 하물며 이 큰 성읍, 니느웨에는 좌우를 분변치 못하는 자가 십이만여 명이요 육축도 많이 있나니 내가 아끼는 것이 어찌 합당치 아니하냐"(요나 4:8-11)

하나님은 우리의 생각보다 훨씬 광대하고 넓으신 분이다. 우리 각자에게는 인격적인 성령으로 찾아오셔서 마치 친구처럼 대해주시지만, 해와 달과 별을 주관하시고 우주 삼라만상을 한 치의 오차도 없이 주관하시는 분이시기도 하다. 그러한 하나님은 인생 각자의 문제를 우리 자신보다 더욱 잘 알고 계신다. 주님은 우리가 요나처럼 아무리 도망치고 또 도망쳐도 결국엔 그 일을 하도록 만드시며, 이를 통해 우리의 신앙과 인격이 성장하도록 이끌어주신다.

하나님의 의를 이루는 한마디

사도바울은 다메섹 도상에서 예수님을 만난 뒤 "내가 죄인 중의 괴수였다"고 고백했다. 바울이 '사울'이던 시절, 그는 매우 난폭하고 돌

발적인 사람이었다. 아무런 죄가 없는 스데반 선교사를 죽이는 데 앞
장섰으며, 누가 시킨 것도 아닌데 이스라엘 공회의 승인을 얻어내 예수
믿는 자들을 결박하려고 했다.

나 역시 거듭 나기 전에는 바울 못지않은 죄인 중의 괴수였다. 사업
하면서도 여러 사람에게 상처를 주었고, 특히 아내와 가족들에게 몹
쓸 남편이요, 아버지이기도 했다.

괴팍한 성격이었던 나는 아내가 무슨 말을 하면 꼬투리를 물고 늘
어져 끊임없이 다그쳤다. 예컨대 아내가 "여보, 오늘은 일찍 들어오시
는 게 좋겠어요."하고 말하면 삐딱하게 대답한다.

"그러면 회사 일은 누가 하고?"

"당신, 사장이잖아요. 부하 직원들에게 맡길 때도 있어야죠."

"나한테 뭐 할 말 있어?"

"피곤해 보이니까 일찍 들어오시라고요."

"내가 만날 술 먹고 늦게 들어오니까 정신 좀 차려라 이거야?"

누가 봐도 억지 중의 억지인 이런 대화가 우리 부부가 평소에 했던
것들이다. 이런 나와 함께 수년간을 살았으니 아내가 속병이 나지 않
고 버틸 재간이 있었을까. 나는 화가 나면 폭언을 하거나 집안 물건을
집어 던지는 등 아내 앞에서 일부러 난폭하게 굴었다.

나 역시 그런 행동이 잘못되었다는 점을 잘 알고 있었다. 하지만 막
상 아내와 대화를 하게 되면 나도 모르게 불쑥 튀어나오는 말들 때문
에 아내가 상처를 받곤 했다. 한 번은 참다못한 아내가 나에게 "당신

이 정말 나한테 이럴 수 있어요?"하고 눈물이 글썽이면서 하소연한 적이 있다. 그러면 나는 더욱 화가 나서 아내를 일방적으로 몰아붙였다.

주님을 만나고 난 뒤에도 험한 말버릇이 쉽게 고쳐지질 않았다. 이대로는 하나님의 의를 이룰 수 없겠다고 생각했던 나는 지인의 추천으로 강원도 태백에 있는 '예수원'을 찾아갔다. 예수원은 오로지 세상의 짐을 내려놓고 규칙적인 예배와 기도를 통해 성령의 목소리를 듣는 곳이다. 철저한 침묵과 노동이 규칙인 이곳은 수도원 생활과 비슷하다.

나는 평소 말이 많지 않은 사람인데도 예수원의 침묵 규율이 무척 갑갑하게 느껴졌다. 침묵을 지키는 것과 예수님을 만나는 것이 어떤 관련이 있는지 종잡을 수가 없었다. 하지만 3일 동안 머물면서 세상의 근심 걱정을 내려놓자, 침묵 가운데 주님의 음성이 들려왔다.

"사람의 성내는 것이 하나님의 의를 이루지 못함이니라."(야고보서 1:20)

나는 묵상 가운데 주님께 나의 추악한 옛 자아가 무너지게 해달라고 간절히 간구했다. 애초에 성품이 비뚤게 타고났기에 적극적으로 버리는 연습을 시작한 것이다.

예수원을 나오고 난 뒤에 한동안 말을 제대로 잇지 못했다. 사도바울이 예수님을 만나고 일시적으로 눈이 멀었듯, 나 역시 침묵의 기도를 한 뒤에 말이 잘 나오지 않았다.

아내는 전과 다른 낌새를 알아채고 나에게 "예수원에서 무슨 일이 있었느냐"고 물었다. 나는 예수원에서 야고보서를 주의 깊게 읽었노라고 고백했다. 그리고 아내에게 그동안 말을 함부로 한 것에 대해 진심으로 사과했다.

"여보, 미안해. 내가 사람으로서 변변치 못해서 그동안 말로 당신에게 상처를 많이 주었어. 이제는 내가 반성하고 예수의 언어로, 성령의 마음으로 말하는 사람이 될 거요."

내 말을 듣고 아내는 눈물을 흘리면서 축하해주었다. 그 후로는 아내의 말이 단어 하나, 하나가 또렷하게 들리면서 나에게 이미지처럼 떠올랐다. 아내의 말을 듣고 곧바로 반응하는 게 아니라 무언가 내 안에서 악한 생각을 붙들고, 그것이 고쳐지고 난 뒤에야 대답하게 되었다.

"당신 오늘 늦어요?"

아내가 이렇게 물으면 나는 잠시 후,

"응, 일찍 들어와야지. 당신이 나를 위해 맛있는 거 해놓고 기다릴 거잖아."

하고 웃으며 대답했다. 성령님께서 내 생각을 붙들고 있다는 확신이 들었다. 그러고 보면 아내는 그동안 나에게 성령의 말이 아니고서는 단 한 마디도 내뱉지 않았다. 아내에게 "당신은 왜 말 실수를 한 번도 하지 않아" 하고 물었더니,

"저는 무슨 말을 하기 전에 늘 기도를 하고 얘기를 꺼내요. 그러면 항상 무심코 내뱉으려던 말이 조금 더 정화돼요." 하는 대답이 돌아왔

다. 아내는 나보다 일찍이 말을 조심스럽게 하는 연습을 해왔던 것이다.

나는 아내를 좀 더 존중하게 되었고 지금은 아내와 대화할 때 둘도 없는 파트너로서 궁합이 척척 맞는다. 둘 다 성령의 사람이 되고 보니, 언어의 습관도 선하고 복된 말들로 가득하게 되었다.

예전에 상스러운 내 언어습관을 알고 있던 이들이 지금 내 말을 들으면 아마 깜짝 놀랄 것이다. 그 정도로 나는 언어에 있어서도 순결함과 단정함을 지키려고 많은 노력을 기울인다. 언어가 바뀌면 그 사람의 인생이 바뀌는 것 같다. 나는 그 이후로 아내에게 종종 이렇게 묻곤 한다.

"여보, 말이 달라지니 인생이 이렇게 행복해지네. 나 이렇게 행복해도 되는 걸까?"

부부관계의 비밀이 담긴 아가서

구약성경의 아가서를 읽으면 아름다운 부부관계란 무엇인지 배울 수 있다. 아가서는 마음의 눈이 열린 부부가 주고받는 대화의 기록이다. 아가서 2장을 보면 건강한 자아를 가진 남편과 아내가 나온다.

'나는 샤론의 수선화요. 골짜기의 백합화로구나.'

보통 샤론이라고 하면 초목이 우거진 아름다운 땅으로 오해하기 쉽지만, 실제 이스라엘의 샤론평야는 척박하고 가파른 곳이다. 험한 골짜기에 핀 백합화라는 말은 자신이 척박하고 험한 인생을 살아온 데 대한 솔직한 고백이다. 그는 자신이 매우 힘들게 살아왔음을 알고 있다. 하지만 그럼에도 스스로를 거기서 핀 수선화요 백합화라고 말한다.

나 역시 척박하고 험한 샤론 골짜기 같은 삶을 살았다. 아내를 만나기 전에는 동네에서 불량한 난봉꾼 취급을 받았으며, 도박과 유흥에 빠져 살았던 허황된 청춘을 보냈다. 하지만 그런 내 삶을 통해서도 주님께서 나를 쉴 만한 물가로 인도하셨다는 사실을 알고 있다. 내 인생이야말로 샤론의 수선화요, 골짜기의 백합화인 셈이다.

아가서의 아내는 자신을 "예루살렘의 여자들아 내가 비록 검으나 아름다우니 게달의 장막 같을지라도 솔로몬의 휘장과 같다"(1장 5절)고 설명한다. 남편이 자신을 샤론의 골짜기로 비유하듯, 아내 역시 자신은 검고 게달의 장막 같은 여자라고 인식하는 것이다. 하지만 그 역시 결론적으로는 자신이 솔로몬의 휘장과 같다고 말하며 양면성을 띤 인생의 진실을 포착하고 있다.

이 말씀이 중요한 이유는 부부가 스스로를 정확하게 인식하고 있다는 데 있다. 오늘날 파경을 맞는 부부들을 보면 대개 각자가 자존감이 지나치게 없거나, 또는 너무 많은 데서 비롯된다. 샤론과 같이 척박하고 험한 골짜기 같은 삶이라고 해서 다른 사람과 어울리지 못하고 타인에게 아무렇지 않게 상처를 주는 괴로운 삶을 사는 것이다. 만약 가정에 이처럼 열등감에 사로잡힌 사람이 있다면 그 가정의 평화는 깨질 수밖에 없다.

하지만 아가서에 나오는 이 부부는 마음의 눈으로 자신들을 바라보았다. 육신의 눈으로 보면 척박하고 험한 샤론평야요, 게달의 장막처럼 검지만 스스로를 영적인 기준으로 평가하고 높게 봄으로써 자존감을 지키고 있는 것이다.

나는 아가서를 통해 아내와 내 자신의 자존감을 지켜주는 법을 배웠다. 사소한 말 한마디라도 경솔히 내뱉지 않고, 아내를 내 사랑하는 영혼의 동반자로, 신앙의 협력자로 비로소 인정하게 된 것이다.

한 발 더 나아가 아가서의 부부는 상대를 높여주는 지혜를 발휘한다.

"여자들 중에 내 사랑은 가시나무 가운데 백합화 같구나."(2장 2절)

이는 남편이 아내에게 한 말이다. 육체의 눈으로만 보면 아내는 가시나무처럼 보일 수도 있다. 나 역시 결혼 이후 아내가 밉고 싫었던 때가 있었다. '눈엣가시'란 말처럼 아내가 귀찮아져서 없어졌으면 좋겠다는 생각이 들기도 했다. 하지만 아가서의 남편은 '여자들 중 내 사랑은 가시나무 가운데 백합화다'라고 말한다. 이렇게 상대방을 백합화로 보면 나도 백합화가 되고, 자유와 평화, 행복이 넘치는 가정을 만들 수 있다.

아내가 응수한다. 2장 3절을 보면 "남자들 중에 나의 사랑하는 자는 수풀 가운데 사과나무 같다."고 말한다. 아내 또한 육신의 눈으로 보면 남편이 수풀로 보일 수 있다. 남편을 수풀로 보는 부부가 어찌 행복할 수 있으랴! 육신의 관점으로 부부생활을 하는 이들은 늘 불화와 고통 가운데서 살 수밖에 없다.

하지만 영적인 눈으로 상대를 보면 축복의 말이 입에서 저절로 나온다.

"내 사랑아 너는 어여쁘고 어여쁘다."(1장 15절)

"나의 사랑, 나의 어여쁜 자야."(4장 1절)

"내 사랑 너는 어여쁘고도 어여쁘다. 너울 속에 있는 네 눈이 비둘기 같고."(4장 7절)

우리 부부도 내가 험악한 말버릇을 고치고 서로를 존중하는 습관이 생기면서 언어생활이 달라졌다. 아내 역시 그동안 나를 사랑해온 것에 한 발 더 나아가, 내 영혼을 보듬어주고 신앙으로 연합하게 되었다.

피부가 검고 거친 아가서의 아내는 외모로는 아름답지 못했을 것이다. 그런데도 남편은 '나의 사랑 너는 어여뻐서 아무런 흠이 없다'고 말한다. 마음의 눈이 열린 남편의 눈에는 아내가 아름답고 예뻐만 보이게 마련이다.

하루는 아내에게 이렇게 물어본 적이 있다.

"당신, 내가 예쁘다고 하면 지금도 기분이 좋소?"

그랬더니 아내 왈, "여자들은 나이가 100살이 넘어도 예쁘다는 말을 좋아해요."

부부는 서로를 귀하게 여겨야 한다. 그러기 위해선 성령께서 마음의 눈을 먼저 열어주셔야 할 것이다. 자신의 샤론만 보는 게 아니라 수선 화를 보고, 골짜기만 보는 게 아니라 백합화를 볼 줄 아는 능력이 필요하다.

성령님에게 인도받는 법

성령님은 내가 인생을 통과하는 여러 순간순간마다 나와 동행하셨다. 삶의 중요한 선택을 앞두고 나는 늘 기도로써 주님께 올바른 길로 인도해달라고 간구했다. 물론 늘 성령님의 음성에 순종만 했던 건 아니었다. 옳은 길임을 알았지만 내 고집과 내 생각을 앞세워 제멋대로 행동했던 적도 많다. 하지만 성령님께서는 혼자서 일을 저질러놓고, 지쳐 쓰러져 있는 나를 발견하시고는 지친 영혼을 부축해 다시 제자리로 데려다놓곤 하셨다.

성령님이 안 계셨다면 내 인생은 아무렇게나 뒹굴고 있는 모난 돌과 같았을 것이다. 하지만 하나님께서 나를 깎고 다듬으면서 주님의 계획에 귀하게 쓰임 받는 수석이 되게 하셨다. 나처럼 이기적이고 다른 사람을 배려할 줄 모르는 사람이 가족의 믿음을 굳게 세우고, 아내와 신앙으로 동역하며, 주님 나라 확장을 위해 헌신하는 믿음을 갖게 된 것은 모두 성령님의 감동 때문이었다.

하나님께서 내 영을 통해 말씀하실 때는 늘 구체적이고 핵심적인 내용을 지적하신다. 때로는 말씀을 통해서, 때로는 직접적 음성으로 나를 가르치시는 것이다.

'저 사람을 만나선 안 된다.'

'사람은 떡으로만 사는 것이 아니다.'

'먼저 그의 나라와 그의 의를 구하라.'

이렇게 매 순간 순간 내게 지혜와 확신을 주시는 주님을 믿고 의지할 때면 근심과 걱정, 모든 환란들이 안개 걷히듯 사라진다. 지금까지 해온 내 사업은 모두 잠잠히 나를 연단시키는 성령의 인도하심이었다. 그 과정은 때로는 고통스러울 때도 있었지만, 날마다 진리의 말씀으로 나를 가르치시는 주님을 믿고 지금까지 살 수 있었다.

내가 사업을 하느라 분주한 가운데서도 주님의 음성을 들을 수 있었던 비결은 매우 간단하다. 매일 규칙적으로 성경을 읽고, 하루에 30분씩 하나님과 대화하는 훈련을 통해 하나님과 교제하는 법을 터득한 것이다. 예배가 주님과의 직접적으로 대면하는 순간이라면, 자투리 시간이나마 말씀을 읽고 기도하며, 묵상으로 주님과 대화하는 것은 하나님께서 그날그날 내게 어떤 팁을 주시는지 배울 수 있는 좋은 기회다.

아침저녁으로 하나님께 기도하고 하루에 30분씩 시간을 내어 말씀을 읽고 묵상해보라. 그러면 이 글을 읽는 독자들의 삶도 하나님의 구체적인 인도하심을 받을 수 있을 것이다.

“오직 그 말씀이 네게 매우 가까워서 네 입에 있으며 네 마음에 있은즉 네가 이를 행할 수 있느니라.”(신명기 30:11~14)

제7장

선교의 비전을 갖게 하신 하나님

뜻 있는 자들이 모인 엔게디 합창단

여러 차례의 성지순례를 통해 나는 선교의 중요성을 더욱 깊이 실감하게 되었다. 터키를 비롯한 여러 지역을 돌면서 어려운 여건 속에서 선교에 헌신하는 분들을 여러 명 만날 수 있었다.

터키의 경우 무슬림 국가인데도 기독교인의 비율이 0.3%에 불과할 정도로 극소수다. 여기서 선교를 한다는 것은 목숨을 걸고 복음을 전한다는 뜻이다. 선교사님들을 보면서 내 마음속에는 '나를 대신해 저들이 복음 전파의 일을 하고 있다'는 생각이 들었다. 내가 사업을 하는 이유는 나를 대신해 자신의 모든 삶을 버리고 선교하는 그들을 돕기 위함일 것이다.

성지순례 이후 나는 선교사님들에게 매달 일정 금액을 후원하는 일에 동참하기로 했다. 또한 체계적인 선교 지원을 위해 선교사 후원회를 만들기도 했다. 아내 역시 선교회에서 찬양 사역자로 봉사하며 자신의 달란트로 헌신 중이다.

우리 선교회에서 관심을 갖는 부분은 북한 선교다. 현재 북한에서는 연변 등지에 미약하게나마 기독교인이 존재한다. 북한의 기독교인들이 지하교회에서 촛불을 켜놓고 예배를 드리는 것은 공공연한 사실이다. 하지만 여전히 북한에는 각종 매체들에 대한 군부의 통제가 심하다. 남쪽에서 쏜 라디오 전파를 몰래 듣다 들키는 날에는 평생을 감금당한 채 강제노역을 하거나 무자비하게 총살을 당하고 만다.

우리는 그들의 이러한 처지를 적극 헤아려 예배와 설교가 담긴 테이프와 CD 등을 제작해 배포하려고 한다. 방송의 경우 다른 나라에서 전파를 보내 간접적으로 청취할 수 있도록 하는 방법을 준비 중이다. 방송 선교의 장점은 지역과 시간, 장소를 초월해 언제 어느 때든지 하나님의 복음이 전파될 수 있다는 것이다. 때문에 우리 선교회 역시 북한을 비롯해 세계 각국, 특별히 남아프리카 공화국까지 복음이 전파될 수 있도록 노력해나갈 것이다.

우리 선교회에는 엔게디 합창단이 있다.

'엔게디' 는 우리말로 '어린 산 염소 새 무대' 라는 뜻이다. 유대 광야 서부 해안에 있는 작은 오아시스 주변에는 여러 개의 굴이 형성되어 있다. 이곳은 성경 속에서 다윗이 사울의 추격을 피해 숨어 있던 지역이기도 한데, 실제로도 가보면 매우 은밀한 지형으로 이뤄져 있다.

엔게디는 굉장히 아름다운 곳이기도 하다. 바짝 마른 광야의 한 가운데 있는 엔게디 오아시스는 황량한 사막 속에서 더욱 두드러져 보인다. 솔로몬은 아가서에서 사랑하는 사람을 엔게디 포도원의 포도송이로 비유하고 있는데, 광야에 펼쳐진 오아시스가 장관이기도 하거니와 이곳 샘터는 산양들의 갈증을 풀어주는 역할도 한다.

그런 뜻에서 선교회는 메마른 세상을 향해 복음의 생수를 공급하는 오아시스와도 같은 단체이다. 나는 주님께서 명령하신 땅 끝 선교가 크리스천 기업가로서의 내 역할임을 자각하고, 선교회가 그 사명을 헌신할 수 있는 통로가 되도록 만들고 싶었다.

선교회를 향한 하나님의 놀라운 비전

그동안 엔게디 합창단의 찬양과 헌신적인 봉사를 통해 그리스도의 복음을 국내외에 전파해왔다. 원래는 선교회의 역할보다는 찬양단으로서의 역할이 훨씬 컸다.

1998년 4월 서울 신학대학 평생교육 합창단으로 출발한 선교회는 양춘근 목사를 지휘자로 세워 각종 정기연주회 및 일본 니카타 순회 연주를 열며 하나님을 찬양하는데 쓰임 받았다.

합창단이라고 해서 엄숙함을 내세우고 갖춰진 자리에만 가지 않았다. 무의탁 공동체, 양로원, 병원 등 어렵고 소외된 이들이 있는 곳이라면 그 어디든 찾아가 하나님의 찬양을 들려주었다.

선교회를 향한 하나님의 놀라운 비전은 곳곳에서 체험으로 입증되었다. 우리는 담도폐쇄증을 앓고 있는 환아들에게 필요한 간이식수술 금을 마련하기 위해 모금활동을 펼친 적이 있다. 담도폐쇄증은 선천적으로 간외담도의 일부 혹은 전부가 폐쇄되는 병으로 간 손상 때문에 사망에 이르는 희귀한 질환이다. 하지만 우리의 모금활동으로 4명의 환아가 수술을 받고 완쾌될 수 있었다.

지금도 기억나는 일화는 몇 해 전 무의탁 공동체를 찾아가 찬양을 했던 일이다. 60여 명이 모여 살고 있는 그곳에는 일흔이 넘은 나이에 가족과 연락이 끊겨 혼자서 외롭게 지내는 할머니 한 분이 계셨다. 보통 이쪽에서 찬양인도를 하면 굳어 있는 얼굴도 활짝 펴고 박수를 하며 따라 하기 마련인데, 할머니는 유독 한쪽에 웅크리고 앉아 찬양하는 단원들의 모습만을 빤히 바라보고 있었다.

“할머니, 어디 편찮으세요?”

찬양이 끝나고 쉬는 시간에 나는 할머니 곁에 가 앉았다. 할머니는 몇 마디 묻는 말에 한동안 대답하지 않으시더니, “어디서 왔느냐”는 짤막한 질문만 하셨다.

찬양단을 소개하고 대화를 나누면서 할머니의 숨은 사연을 들을 수 있었다.

1년 전 딸과 크게 다툰 뒤로 집을 나와서 공동체에 머물고 있는 할머니는 가족들 누구와도 연락하는 사람이 없다고 했다. 얘기를 듣던 중 그 딸이 내가 알고 있는 교회에 출석한다는 사실을 알게 되었다.

나는 조심스럽게 할머니에게 딸의 이름을 물어본 다음, "딸이 보고 싶지 않느냐"고 물었다. 그랬더니 할머니는 순간 눈시울을 붉히면서 "무척 보고 싶다"고 말씀하셨다. 나는 준비한 찬양이 모두 끝나고 내 명함과 함께 연락처를 할머니에게 알려드렸다. 그리고 딸과 연락할 수 있도록 도와주겠다고 약속했다.

집에 와서 아내와 그 문제를 상의하니 아내도 나와 같은 생각이었다. 아내는 딸이 여성인 만큼 자신이 직접 연락을 해보는 게 좋겠다는 지혜로운 의견을 내놨다. 할머니의 딸이 다니는 교회의 집사님을 통해 그와 연락이 닿을 수 있었다. 할머니의 딸은 10년 동안 그 교회를 다니며 신앙생활을 했다고 한다. 남편과 이혼한 뒤 생활형편이 어려워지면서 할머니와 다투는 일이 많아졌고, 급기야는 공동체에 어머니를 맡기게 되었다는 것이다. 딸 역시 어머니를 그곳에 내버려둔 것을 내심 후회하는 눈치였다.

할머니는 딸에게 엔게디 합창단의 다음 방문날짜를 일러주었고, 그 날에 맞춰 공동체 시설로 와줄 것을 당부했다. 한 달 뒤, 선교회가 찾아갔을 때 할머니는 여전히 예전과 같은 슬픈 표정으로 찬양을 듣고 있었다. 그러나 찬양이 모두 끝나고 우리가 딸을 소개해주자 할머니 얼굴이 환해지면서 기쁨의 눈물이 두 뺨을 타고 흘렀다.

"여길 어떻게 알고 왔누…. 니가 보고 싶어서 내 하루하루를 마음 끓이면서 살았다."

"엄마, 죄송해요. 이제 다시는 엄마 혼자 내버려두지 않을게요."

딸은 할머니를 끌어안고 오랫동안 회한의 울음을 터뜨렸다. 그러면서 엔게디 합창단을 통해 엄마를 다시 찾았다며 몇 번이나 감사의 인사를 전했다. 그날 찬양이 끝나고 우리는 공동체 식구들과 함께 삼겹살을 구워먹으면서 기쁨의 교제를 나눌 수 있었다.

사역자들의 영성이 살아있는 선교회

엔게디 합창단은 보수적이라고 하면 보수적이랄 수 있는 찬양을 부른다. 템포도 느리고 가사도 옛날 가사인, 그런 찬양을 부르면서 하나님께 영광을 돌린다. 그래서인지 어떤 이들은 역동적이고 신나는 찬양으로 선교회를 젊게 이끌어 가면 어떻겠냐고 조언하기도 한다.

확실히 요즘은 예전에 비해 찬양의 종류가 다양해진 것 같다. 내가 젊은 시절 신앙생활을 할 때만 해도 오르간 반주에 전통적인 찬양이 전부였다면, 요즘엔 복음성가로 불리는 신식 찬양이 유행이다. 악기도 다양해져 기타, 드럼은 물론 바이올린과 첼로 등을 위시한 오케스트라까지 동원되는 경우도 있다.

시편 150편에 "나팔 소리로 찬양하며 비파와 수금으로 찬양할지어다"라는 말씀처럼 찬양의 도구에는 제한이 없다. 하나님께서 기뻐하시고 찬양을 부르는 대중이 은혜를 받는 일이라면 굳이 옛것과 새로운 것을 구분할 필요는 없을 것이다.

하지만 너무 시끄럽고 요란한 형식은 지양해야 될 필요도 분명 존재한다. 찬양이 하나님을 겨냥한 마음의 노래가 아니라, 예배하는 사람들을 의식한 유행가처럼 들려진다면 이는 분명 올바르지 않은 일이다.

그동안은 찬양이 대중화되고 양식이 풍성해지는 시기였다면, 앞으로는 찬양을 하는 목적을 재정립하고 영적으로 하나님 앞에 예배하는 자세를 회복해야 하지 않을까.

그동안 나는 선교회를 통해 여러 나라를 다니면서 찬양에 꿈과 비전을 가진 젊은이들을 많이 만나 보았다. 찬양 사역자를 꿈꾸는 이들은 외국에서 유학하며 자신의 실력을 연마하기도 한다. 하지만 찬양 사역의 원대한 비전을 품고 한국으로 돌아온 이들이 설 수 있는 공간은 턱없이 부족하다.

수많은 교회들 중에 찬양하는 이들을 제약 없이 받아들이는 곳은 드물다. 나는 이것이 비단 공간적인 문제뿐 아니라 의식의 문제라고 생각한다. 한국 사람은 '찬양은 예배와 함께 드리는 것'이라는 생각이 무의식속에 자리 잡고 있다. 찬양을 진심으로 즐기고, 하나님께 영광을 돌리는 일이라면 굳이 예배 중이 아니더라도 충분히 할 수 있는 일이 아닐까.

우리는 찬양 사역자의 숫자를 늘리기에 앞서 잃어버린 영성을 회복해야 한다. 한국교회가 신령한 노래로 찬양하는 일에 앞장서려면, 먼저 찬양사역자들이 영적으로 재무장할 수 있도록 교육하고 훈련시키는 교육 기관이 절실히 필요하다.

나는 엔게디 합창단 찬양사역자들의 영성을 부흥시키는 곳이 되기를 소망한다. 때문에 선교단원들에게도 "다른 사람에게 영적인 감동을 줄 수 있도록 찬양해야 한다"고 늘 강조한다.

앞으로 기회가 된다면 찬양 사역자들을 말씀으로 가르치는 사역훈련 전문기관을 설립하고 싶다. 비록 단시간 내에 이뤄질 수는 없겠지만 하나님께서 엔게디 합창단의 부흥과 축복을 인도하신다면 머지않은 미래에 꿈이 실현될 수 있으리라 믿는다.

버려진 아이를 돌보는 선교사님의 간증

선교회는 그동안 여러 차례의 해외 선교를 통해 그리스도의 복음을 전하는 믿음의 선교사들과 교류할 수 있었다. 그 중에는 열악한 환경에서도 주님의 복음을 위해 온 생애를 바쳐 헌신하는 믿음의 사역자들도 있었다.

몇 해 전 그리스에 갔을 당시 만났던 차인수, 박영란 선교사님도 그들 중 하나였다.

두 사람은 사도요한이 하나님의 음성을 듣고 계시록을 기록했다는 밧모섬 요한 수도원에서 순례자들을 인도하고 있었다. 밧모섬은 그리스의 작은 섬으로 크기는 약 3.4km이며 3천여 명 정도가 거주하는 소박한 땅이다.

요한이 계시를 받았다는 계시 동굴과 선교사님 부부가 있는 사도 요한 신학자 수도원은 1999년 유네스코 세계 문화유산으로 지정된 곳이다. 우리 선교단은 사도 요한이 죽고 난 뒤 A.D 300~350년경 세워진 바실리카 양식의 교회를 둘러보면서 당시 요한이 하나님의 말씀을 받은 현장을 꼼꼼하게 관찰했다.

"하나님께서 이곳에서 요한에게 말씀을 주셨듯, 우리 부부 또한 순례자들을 인도하는 일에 한 알의 밀알이 되기로 했다"는 선교사님 부부의 말에 우리는 깊은 감동을 받았다.

터키 이스탄불에서는 이상범 선교사님을 만나 창세기 8장에 있는 아라랏 산을 방문하기도 했다. 해발 5.185m의 위치에 있는 아라랏 산은 노아의 방주가 머물렀던 곳으로 지면 부근에는 수많은 빙하호가 조성된 지역이기도 했다. 이곳에는 대부분 쿠르트인들이 거주하고 있는데, 그들은 메데인으로서 약 3천여 년 간의 세월을 같은 지역에서 머물고 있다고 했다.

엔게디 합창단은 한국에서 가져온 전도용 성경을 기증하며 선교사님이 사명감을 갖고 헌신할 수 있도록 축복의 찬양을 불러드렸다. 선교사님은 마침 우리가 방문한 날이 그와 친분이 있는 K선교사님의 아들이 이스탄불에서 죽은 지 1년 된 날이었다고 말했다.

K선교사님은 원래 한국에서 성공한 사업가로 꽤나 유명한 분이었다고 한다. 돈을 많이 벌고 세상 재미에 흠뻑 빠져 살던 이 분이 주님의 뜻에 헌신하게 된 계기는 아내의 병 때문이었다.

뇌종양으로 죽을 고비에 이르렀던 아내를 살리기 위해 선교사님은 백방으로 뛰어다녔다. 국내외에서 유명하다는 병원은 다 찾아다녔지만 수술로 회복시킬 가망이 거의 없었다고 한다. 길어야 5개월을 넘기지 못한다는 사형 선고를 받은 아내의 부탁으로 선교사님은 난생 처음 기도원으로 향했다.

'하나님, 당신이 정말 살아 계시다면 우리 아내를 살려주세요! 살려만 주신다면 앞으로 제 남은 생애를 당신을 위해 바치겠습니다.'

선교사님은 아내를 무척 사랑하는 애처가였다. 일주일째 식사도 거른 채 기도원에서 기도하던 선교사님은 아내와 매일 통화하며 그날의 컨디션을 물었다고 한다. 거의 한 달이 지나도록 기도원에서 내려오지 않은 선교사님에게 하나님께서는 결국 치유의 기적을 베푸셨다. 그와 아내가 함께 금식하며 기도한 지 두 달째. 사모님이 기도 중 '병이 다 나았다'는 확신을 받았는데, MRI를 찍어본 결과 뇌의 암이 말끔하게 사라진 것이다.

이후 선교사님은 사업을 접고 약속대로 평생을 주님의 일에만 헌신하며 살기로 작정했다. 교회를 통해 이스탄불로 파송이 되었고, 초등학생인 아들과 아내를 데리고 그곳에서 5년 동안 하나님의 말씀을 전했다. 하지만 그의 하나뿐인 아들은 어느 날 불의의 교통사고로 그 자리에서 숨지고 말았다. 병원으로 옮겨볼 틈도 없이 숨을 거둔 아들을 보고 선교사님은 오열했다.

'하나님! 어찌하여 저에게 이런 시험을 주십니까! 제가 주님의 일에 평생을 헌신하려고 사업도 그만두었는데 그 대가가 이런 것인가요?'

선교사님은 반문했다. 그리고 잠시 동안이지만 하나님을 원망하면서 선교를 그만두고 한국으로 돌아가야겠다는 마음을 품기도 했다. 그렇게 실의에 빠져 지내던 어느 날, 새벽기도 중에 성령님의 말씀이 들려왔다.

'생명이 내게 있다. 네 아내에게 생명을 돌려준 것도 내 은혜이며, 네 아들을 데려간 것도 내 은혜이다. 너는 내 은혜를 바로 깨닫고 감사로 내게 영광을 돌려라.'

아들이 죽은 지 1년이 지난 시점에서 선교사님은 그 사고가 하나님께서 아들을 천국으로 일찍 데려가시고자 하는 뜻이었음을 알게 되었다. 이후 그는 이스탄불의 버려진 아이들을 돌보며 복음 전하는 일을 시작했다. 아들을 데려간 대신 이스탄불의 수많은 자녀들을 품에 안도록 명령하신 주님의 뜻을 비로소 알게 된 것이다.

터키에서 최초로 찬양 연주회를 열다

선교사님께서는 엔게디 합창단의 인연을 매우 특별하게 생각하셨다. 선교사님의 안내로 우리 일행은 터키의 안디옥 교회에서 연주회를 열기도 했다. 터키에서 선교 관련 연주회를 열기 위해서는 당국의 엄격한 허가가 필요하다. 그때 우리 합창단이 했던 연주회는 터키 당국이 허가한 최초의 연주회였다.

우리는 기쁜 마음으로 안디옥에 있는 그리스도인들 50여 명을 초청했고, 터키 정부요원들이 감시하는 가운데 하나님을 뜨겁게 찬양하는 시간을 가질 수 있었다. 이방 국가, 그것도 기독교 전도가 엄격히 금지된 나라에서 찬양을 하면서 내 마음은 뜨거운 성령의 감동으로 끓어올랐다. 우리는 '참 아름다워라 주님의 세계는' '나 같은 죄인 살리신' 등을 찬양하며 마음껏 은혜를 나누었다.

청중들의 반응도 무척 뜨거웠다. 초청된 교인들은 저마다 핍박 받는 소수자로서 신앙을 지켜가는 이들이고, 성령의 은혜로 감화된 찬양을 누구보다 갈망하던 이들이었다. 그들의 눈에도 고국에서 날아온 선교회가 터키 당국의 허가를 받아 공식적으로 연주회를 여는 모습은 무척 인상 깊었을 것이다.

우리는 안디옥 교회의 뜨거운 열기에 힘입어 다른 곳에서도 찬양을 하고 싶었지만 허가가 나지 않았다. 이슬람 근본주의자들의 위협이 끊이질 않기 때문이다. 그들은 우리가 찬양 연주회를 연다는 소식을 듣고, 몇 차례 시위를 벌이기도 했다.

한 번은 우리 합창단 중 한 사람이 터키인의 눈에 잘못 띄어 소란이 날 뻔한 적이 있다. 상황을 보아하니, 터키인 중 한 명이 일부러 우리 단원에게 시비를 걸었던 것 같았다.

그때 터키인이 편지 하나를 전해주고 돌아갔는데 일종의 협박편지였다. 내용인즉슨, '한국인들이 어째서 자신들의 나라가 아닌 터키에 와서 종교 활동을 해야 하는지 납득할 수 없다' 는 것이었다. 이슬람은 평화를 추구하니 불필요한 전도 활동을 하지 말고 한국으로 돌아가라는 게 요지였다. 나는 그때서야 비로소 터키에서 선교나 찬양활동을 한다는 것은 순교를 각오하지 않으면 안 된다는 사실을 알게 되었다.

합창단은 다른 지역으로 이동하던 중 안디옥 근처, 시리아 국경에서 가까운 터키 남부 지역의 안타카 실루피아의 산 동굴에 머무르게 되었다. 이 동굴이 유명한 이유는 사도행전에서 바나바가 안디옥 교회를 일으켰던 바로 그 지역이기 때문이다. 동굴은 유대인의 박해를 피하기 위해 작은 돌산에 마련된 일종의 피난처였다.

안타카의 웅장한 모습은 굉장히 인상 깊었다. 자세히 살펴보니 바위산 절벽 곳곳에 구멍이 나 있었다. 여기엔 베드로가 기도했다는 동굴교회가 있었고, 동굴 안쪽으로는 천국의 열쇠와 두루마기 성경을 손에 든 베드로 상이 서 있었다. 사람을 꽉 채워봐야 100여 명 정도가

서 있을 수 있는 이 동굴이 역사상 최초의 교회가 되었다는 사실이
무척 신기했다.

성경 속에서 안디옥은 로마시대의 로마 알렉산드리아와 함께 3대
도시로 불릴 만큼 중요한 곳이다. 안디옥이란 지명은 기원전 300년에
시리아 왕국의 세로우크스 1세가 자신의 아버지 이름을 안티오카라
고 부른데서 유래되었다고 한다. 이 왕의 이름은 영토 내에 있는 여러
도시에서 불리었고, 다른 도시와 구별하기 위해 '수리아 안디옥' 이라
고 불렀다. 교회 역사상 이곳은 최초에는 난민교회로 시작되었다고 한
다.

성경에 나오는 바울의 발자취를 따라서

스데반이 순교한 직후, 그리스도인들에 대한 유대인들의 박해가 거
세지자 예수님을 따르던 예루살렘의 성도들은 북쪽으로 500km 가량
떨어진 안디옥으로 피난을 떠났다. 그렇게라도 자신들의 순결한 신앙
을 지키려고 했던 이들의 마음이 현지에 발 딛고 선 내게도 애절하게
느껴져 왔다.

사도행전에도 나오듯, 이때 사울은 스데반이 유대인들의 돌에 맞아
순교하던 현장에서 제일 앞장선 청년이었다. 그랬던 그가 다메섹으로
가던 중 하늘로부터 빛과 함께 예수의 음성을 듣게 된다.

"사울아, 사울아 네가 어찌하여 나를 핍박하느냐 하시거늘. 대답하되 주여 뉘시오니까 가라사대 나는 네가 핍박하는 예수라."(사도행전 9:4)

이 사건으로 사울은 예수님을 자신의 삶의 주인으로 고백했고, 자신의 이름 또한 사울이 아닌 바울로 개명하게 되었다. 바울은 회심 직후 다메섹을 거쳐 예루살렘으로 들어가 복음을 전하다가 안디옥의 소식을 듣고 거처를 옮겼다.

바울은 안디옥에서 약 1년 동안 복음을 전했다. 그가 안디옥 교회의 사역자들과 함께 예배드리며 금식하고 있을 때 성령님의 음성이 있었다.

"내가 불러 시키는 일을 위하여 바나바와 사울을 따로 세우라.'"(사도행전13:2)

그는 성령님의 말씀에 순종해 선교사로 임명되었고, 복음 전파를 위해 로마로 향했다. 성령님의 보내심을 받아 키프로스에 도착한 바울은 로마의 총독인 서기오 바울에게 복음을 전한 뒤 안디옥으로 돌아오게 된다.

안식일에 유대인의 회당에서 복음을 전할 기회가 생기자 바울은 "하나님이 약속하신대로 이스라엘을 위하여 구주를 세우셨으니 곧 예수라"(사도행전 13:23)고 담대히 전파했다. 그는 곧바로 유대인들의 반발에 부딪혔다. 사도바울은 조금도 흔들리지 않고 전도자의 사명을 공표한다.

"바울과 바나바가 담대히 말하여 가로되 하나님의 말씀을 마땅히 먼저 너희에게 전할 것이로되 너희가 버리고 영생 얻음에 합당치 않은 자로 자처하기로 우리가 이방인에게로 향하노라" (사도행전 13장 46절)

바울이 땅 끝 전도를 선언했던 비시디아의 안디옥은 현재 터키 중부의 얄베츠야라는 도시의 부근에 자리 잡고 있었다.

바울이 평생 동안 복음 전파를 위해 횡단한 거리는 약 7만 여km에 달한다. 당시 소아시아 지역에서 서방 세계의 중심이라 불리던 안디옥까지 복음을 전하던 그는 이제 고향인 터키 길르야 지방인 다소에 이르렀다. 우리는 다소를 방문했을 때 바울이 태어난 마을을 둘러볼 수 있었다.

사도행전에서 바울은 "길르야의 다소는 소읍이 아니다"라고 강조했지만, 다소는 사실 그리 크지 않은 마을이었다. 마을 입구에 이집트 클레오파트라 여왕이 안토니오 장군과 만난 기념물을 세운 것 외에는 별다른 특징조차 없는 곳이었다.

다소에는 돌로 만든 우물이 여전히 남아 있어 우리 일행은 두레박으로 그 물을 직접 떠 마셔 보기도 했다. 물맛은 아주 시원했고, 우리네 시골에서 먹는 지하수처럼 맑았다. 바울의 생가는 그가 매우 좋은 가문에서 태어났지만, 복음전파에 헌신하다 죽음을 맞이했다는 극적인 대비를 다시 한 번 상기시켜 주었다.

선교회를 통해 목사의 꿈을 이룬 중국동포

우리 선교회를 통해 목사의 꿈을 이룬 중국 동포 J라는 분이 있다. 그와의 기묘한 인연은 하나님의 섭리와 맞물려 우리에게 중국 선교에 대한 비전을 품게 해주었다. 그는 자신을 "순교자의 직계자손"이라고 소개했는데, 증조할아버지 대에서 공산당에 대항해 신앙을 지켰던 집안의 내력을 소개해주었다.

1930년대 중국 연해주에 살던 그의 선조들은 마을에서 꽤 덕망 있는 인사였다고 한다. 그러던 어느 날, 마을에 공산군이 들이닥쳐 동네 사람들을 한 곳에 불러 모았다.

"여기 목사가 누군가?"

공산군들은 다짜고짜 목사를 찾았다. 이미 공산군이 들이닥친다는 소식을 전해들은 목사님과 장로님은 나무 위에 올라가 몸을 숨긴 뒤였다. 목사님은 마을 중앙에 있는 나무 위에서 사태를 주시하고 있었다.

공산군들은 목사와 장로를 찾지 못하자 교회 관계자들을 불러오라며 호통을 쳤다. 죽음의 냄새를 맡은 집사들은 하나둘씩 공산군 앞에 자신을 드러냈다. 대략 10여 명의 교인들이 모인 자리에서 공산군들은 "장로와 목사를 데려오면 여기 사람들 중 절반은 살려주겠다"고 제안을 해왔다.

그 말을 들은 목사님은 재빨리 나무에서 내려와 '내가 목사다' 라고 자백하려고 했다. 하지만 그 순간 무리 중 한 사람이 손을 번쩍 들고, "목사 여기에 있소" 하고 나서는 게 아닌가. 뒤이어 "내가 장로요" 하고 나선 사람이 바로 J의 증조할아버지였다.

공산당은 장로와 목사라고 주장하는 두 사람을 나무에 묶고 잔인하게 총을 쏘았다. 그 두 사람의 헌신 덕분에 목사님과 장로, 나머지 교인들은 목숨을 부지할 수 있었던 것이다. 당시 이 상황을 지켜보던 J의 나이는 불과 일곱 살. 어린 나이에 그 광경을 보았으니 얼마나 마음에 상처를 받았을 것인가.

그의 성장과정은 결코 평탄치 못했다. 순교자의 직계자손이라고 하지만 중국 땅에서 신앙의 뿌리를 내리는 건 쉽지 않은 일이었다. 하지만 그는 하나님께서 순교자의 피를 기억하고 가장 보잘것없는 자신을 하나님의 사역자로 불러주셨다고 고백했다. 신앙이 있었기 때문에 두만강을 사이에 둔 우리 민족을 위해 날마다 눈물로 기도하며, 중국인들을 사랑으로 품을 수 있었던 것이다.

J는 중국의 한 대학에서 신학을 공부하고 목회의 길을 걸으리라 결심했다. 하지만 그에게는 복음 전도를 향한 더 큰 열망이 있었다. J는 학문이 발전된 곳에서 신학 공부를 더 할 수 있기를 소망하며 하나님께 간구했다. 그러던 중 우연히 나와 엔게디 합창단을 알게 되면서 친분을 맺게 된 것이다.

그의 지난 삶의 경험을 들은 우리는 그의 신학 공부를 위해 물질적 헌신을 하기로 했다. 이로써 J는 서울의 한 신학대학교 학부에 편입해 신학부 과정을 순조롭게 마칠 수 있었다.

학업을 마친 그는 현재 중국의 현장으로 되돌아가 신학에 목마른 자들을 가르치고 복음을 전파하는 일에 헌신하고 있다. 척박한 땅에 교회를 세우고 조선족들의 복음화를 위해 자신의 모든 삶을 바치기로 결심한 것이다. J의 기도는 결국 우리 선교회를 통해 이루게 된 셈이다.

선교헌금 마련을 위한 연주회를 열다

하나님의 놀라운 섭리는 여기서 그치지 않았다. J와 편지를 주고받던 중 내 마음에 늘 걸리는 게 있었다. 중국 현지에서 사용될 교회 버스를 마련하기 위해 기도해달라는 부탁이었다. 나는 엔게디 합창단을 통해 그 일을 이루리라는 확신을 품고 기도했다.

'주님! 그 버스, 저에게 주십시오! 중국에서 주의 일을 이루는데 귀하게 쓰임 받을 물질을 위해 저는 무엇이든 하겠습니다!'

그때 주님께서는 내게 엔게디 합창단과 주관하는 음악회를 통해 헌금을 모으도록 하셨다. 신학대학의 강단을 빌리고 행사를 기획하는 동안 어느 정도의 인원이 모일지 짐작할 수 없었다. 버스를 구입하는 데 필요한 2천만 원을 채우려면 적어도 1,000명은 모여야 될 듯싶었다.

우리는 그동안 해왔던 그 어떤 연주회보다도 혼신의 힘을 기울여 공연을 준비했다.

공연 당일에 주님께서는 엔게디 합창단에게 놀라운 축복을 부어주셨다. 약 1,200명에 달하는 성도들이 모여 객석을 가득 채웠던 것이다. 혹시나 자리가 채워지지 못하면 어쩌나 했던 나의 걱정은 기우였다. 우리는 필하모닉 오케스트라가 부럽지 않은 가슴 벅찬 기분으로 연주회를 성공적으로 마무리할 수 있었다.

연주회를 통해 모인 돈은 정확하게 버스를 구입할 수 있는 비용으로 맞아 떨어졌다. 나는 하나님의 섬세하신 인도는 사람의 계산과 짐작으로는 예측할 수 없다는 걸 알았다. 선교헌금을 전달하면서 연주회가 성공적으로 끝났다고 전하자 선교사님은 "기도의 응답"이라며 감사하셨다. 연주회가 열리던 날, 중국에서는 성도들이 한 자리에 모여 연주회의 성공을 위해 통성기도를 했다고 한다.

제8장

선교지에서 만난 하나님

인도와 남아공, 모잠비크로 향하다

하나님께서는 나와 아들 정필이에게 선교에 대한 끊임없는 도전을 주시면서 남광선교회를 통해 북방선교와 땅끝선교를 명하신다. 캐나다에 거주하면서 각 나라를 순회하며 목회자 재교육 사역을 하는 선교사 인경수 목사와 아들 정필이의 인도, 남아공, 모잠비크 단기 선교를 통해 선교 지경을 넓히시고, 남광선교회의 지원을 통해 해외 각국을 순방하며 하나님의 복음이 전파되는 일에 쓰임 받도록 인도하고 계신다.

2011년, 내가 하나님께 기도하고 작정한 것은 남광선교회를 통해 선교재단을 만드는 일이다. 나는 이것이 단순히 조직을 확장시키는 의미로 그치는 게 아니라, 하나님께서 한국에서 귀하게 쓰시는 선교단체로서 쓰임 받는 더 큰 목적이 있을 거라 믿는다. 교회가 갈 수 없는 곳, 아무도 가지 못했던 곳을 찾아가 하나님의 복음을 세계 만국 구석구석에 전파하는 일은 누군가 반드시 해야 할 일이기 때문이다.

2011년초 인도와 남아공, 그리고 모잠비크 3개국 선교여행을 떠나 보낸 것도 선교재단을 설립하기 위한 구상과 주의 복음이 전파되지 못했던 지역을 돌며, 선교의 비전을 설립하기 위한 여정이었다. 인선교사와 김정필 집사가 함께 떠난 선교여행은 비록 짧은 기간이었지만, 많은 가르침과 도전을 준 귀중한 체험들이었다. 그때 그들이 체험을 선교 보고를 내게 보냈는데 정리해서 나누고 싶다.

인도 방갈로르로 향하다

인선교사와 정필집사는 첫 목적지인 인도 방갈로르에 가기 위해 아랍 에미레이트 항공으로 두바이를 경유했다. 토론토에서 이륙한 비행기는 12시간의 긴 비행 끝에 두바이에 도착했다. 인도 방갈로르행 비행기는 2시간 후인 저녁 9시 50분에 출발해 3시간 10분 만에 방갈로르에 도착했다.

공항 게이트를 나서자 선교사님이 그들을 마중 나와 있었다.

"먼 길 오시느라 고생 많으셨죠?"

선교사님은 단출한 차림에 후덕한 인상이었는데, 그들을 보자마자 포옹의 인사를 건넸다.

"선교사님을 뵈니까 마음이 편안해집니다."

그들은 안부의 인사를 건넸다. 머나먼 이국땅에서 주의 복음을 전하면서 선교사님은 얼마나 많은 고생을 했을까. 그들은 한국에서 준비한 건강식품을 선물로 주면서 "건강하시라"는 축복의 말을 건네주었다.

그들 일행은 남인도 신학교에 짐을 푼 다음, 아침식사를 마치고 곧바로 비자야와다(Vijayawada)라는 도시로 떠날 예정이었다. 처음엔 가까운 기차역으로 갔다가 남는 좌석이 없다는 말을 듣고 그곳에서 한참을 떨어진 다른 기차역으로 서둘러 이동했다. 기차를 놓치면 하루 일정을 꼬박 낭비하는 셈이기 때문에, 반드시 약속된 시간에 기차를 타야만 했다. 다행히 출발 예정시간에 맞춰서 기차역에 도착해 늦지 않게 기차를 탈 수 있었다.

시간을 맞추려고 부리나케 서둘렀는데 정작 기차는 출발 예정시각을 1시간이나 넘겨서야 슬그머니 움직였다. 이래서 인간은 매 순간 순간 하나님의 섭리 가운데 사는 것 같다. 그들을 순종하는 마음으로 열차가 늦지 않게 도착하기를 마음속으로 기도했다.

침대칸 열차를 탄 인선교사와 정필집사 일행은 목적지에 도착할 때까지 불편한 잠을 청하며 쌓인 피로를 풀어냈다. 기차로 무려 12시간이나 걸리는 긴 여정이었다. 쪽잠을 자다가 이상한 소리가 나서 눈을 떴는데 쥐 소리였다. 쥐들은 찍찍 거리면서 사람이 두렵지 않은지 여행객들이 떨어뜨린 음식찌꺼기를 먹고 있었다. 한데도 다른 승객들은 놀라는 기색 없이 천연덕스럽게 잠을 자고 있었다. 한국에서라면 상상도 못할 일들이 벌어지니 그들로서는 입이 떡 벌어졌다.

비자야와다에 도착한 것은 다음날 자정이 넘은 시각이었다. 현지 초청자이자 교역자인 전도사님이 부친과 함께 꽃을 들고 마중 나와 있었다. 선교사님에게 물어보니, 인도는 어디를 방문하든지 꽃목걸이나 목도리를 선물로 관례로 준다고 했다. 그들로서는 여행을 다니면서 꽃다발을 받은 것은 인도가 처음이었다.

그들은 택시를 타고 시내 외곽에 있는 작은 호텔에 투숙했다. 방을 잡고 짐을 풀고 나니 새벽 2시. 자는 둥 마는 둥 하면서 아침 7시경에 다시 눈을 떴다. 아침식사는 근처 식당에서 해결하기로 했다. '도세'라고 불리는 음식이 꽤 인상적이었다. 김정필 집사는 전에 와보기라도 한 사람처럼 음식을 척척 소화해냈다.

한국보다 뜨거운 인도 집회의 열기

비자야와다에서의 첫 집회. 200여 명이 모인 교회는 벌써부터 열기가 뜨거웠다. 청중 가운데 4분의 1 가량은 교회를 인도하는 목회자들이었다. 그들은 찬송을 부르고 사진을 함께 촬영하면서 그곳 사람들과 금세 친분을 쌓았다. 그들은 인도어 통역을 통해 하나님의 말씀을 증거 했다. 지난날의 경험과 신앙을 간증하고, 하나님의 역사하심을 구하자 청중들은 곧바로 성령의 충만함을 받아 뜨거워졌다. 어떤 사람은 제자리에서 방방 뛰기도 하고, 어떤 사람을 무릎을 꿇고 한없이 눈물을 흘리기도 했다. 감격적인 모습이었다. 그들은 예정된 집회 시간을 1시간 넘기면서까지 찬양과 기도로 은혜를 받았다.

"성도들이 은혜를 많이 받아서 다행입니다."

그들이 말하자 선교사님께서는 "이렇게 뜨겁고 열정적인 반응은 이 날이 처음"이라고 말씀하셨다.

정필집사 일행은 집회를 마치고 호텔로 돌아와 잠시 휴식을 취한 뒤 곧바로 저녁 집회를 위해 차로 이동했다. Jagapeta라 불리는 작은 마을은 현지 전도사인 비자이의 형이 개척한 시골 교회였다. 교회는 기둥만 세워둔 미완성 건물로 성도들은 바닥에 텐트를 깔고 지붕은 포장으로 둘러 친 채 예배를 드리고 있었다. 그곳의 목회 여건은 한 눈에도 매우 열악해 보였다. 미처 지어지지 못한 교회에서 예배를 드리는 현지 교인들을 보면서 가슴이 아팠다.

저녁 8시가 지나서 시작된 집회는 자정이 되어서야 끝이 났다. 저렴하지만 시설이 허술하기 짝이 없는 호텔에서 그들 일행은 잠을 청했다. 그들은 속으로 주님께 기도하며 첫날의 은혜로움이 마지막 날까지 계속되기를 간절히 소망했다.

다음날 오전, 전도사님의 장모님이 살고 계신 집을 방문해 아침 식사를 대접받을 수 있었다. '비리아니'라는 음식이었는데, 집 주인의 말이 특별한 손님이 왔을 때만 내놓는 귀한 음식이라고 했다. 마침 그들 일행이 방문했던 시기는 인도에서 힌두교 축제가 열리는 때였다. 거리 곳곳엔 힌두교를 상징하는 온갖 장식과 문양이 펼쳐져 있었고 사람들은 춤을 추면서 자신들의 신을 칭송했다.

'주여, 저들의 우상숭배가 하루 빨리 무너져 이 땅에 주의 복음이 충만해질 수 있도록 역사하시옵소서.'

힌두교 축제 광경을 바라보자 기도가 저절로 나왔다. 하나님이 없는 우상축제는 아무리 아름다워도 내게는 추악해 보일 뿐이었다. 기필코 하나님의 축복된 성회로 우상축제를 무너뜨리리라 다짐하며 약속된 장소로 이동을 했다.

비자야와다시를 뒤돌아 반대 방향으로 가면 처볼이라는 작은 마을이 나온다. 그곳에는 전도사님의 아버지가 시무하는 '세상 빛' 교회가 있었다. 전도사님은 소송사건에 휘말려 짓다 만 교회도 보여 주었고, 곳곳이 무너진 건물들을 보여주면서 "신도가 기증한 장소"라고 설명해주었다. 전도사님과 그의 아버지는 이미 수많은 교회들을 돌보고 있었다. 그들의 작은 일손으로 관리하기에는 너무도 방대한 사역이었다. 하루라도 빨리 그들의 동역자를 주님께서 보내주시기를 마음속으로 기도했다.

인선교사와 정필집사 일행은 교회에서 준비한 점심식사를 마친 뒤 교역자들의 안내에 따라 이동하면서 여러 교회를 둘러볼 수 있었다. 목사님은 교회를 책임질 목회자와 물자, 도구 등 부족한 것들이 얼마나 많은지 설명해주셨다. 한국 교회에서 선교사들이 많이 파송되었다고 하지만, 드넓은 인도 땅을 생각하면 아직도 많은 성도들의 후원이 필요한 것 같다.

이방신을 따르던 죄를 회개하고 세례를 받다

일정을 마치고 기차역으로 다시 돌아온 일행은 아쉬운 작별의 인사를 나누었다. 저녁 8시에 출발한 기차는 올 때보다 연착되어 16시간만인 다음날 정오가 되어서야 뱅갈로르에 도착했다. 그들 일행은 기차 안에서 승객들과 대화를 나누고 복음을 전하기도 하면서 시간을 보냈다.

기차에서 재미있는 사실을 한 가지 발견했는데, 인도 여인들은 결혼을 하면 그 표시로 발가락에 반지를 낀다는 사실이다.

두 번째 양쪽 발가락에 반지가 있으면 그는 결혼한 여성이다. 그들은 그걸 보고서 '왜 멀쩡한 손을 놔두고 냄새나는 발가락에 반지를 끼는 걸까' 의아해했지만, 거기에도 나름의 의미가 있을 것이다. 인도 여인들은 스타일도 무척 독특했는데 대부분 생머리로 길게 기르고, 복장은 치마 식으로 된 전통복장을 입고 생활한다.

남인도 신학교에서 가장 가까운 기차역에 도착한 인선교사와 정필
집사 일행은 숙소에 도착해 짐을 푼 다음 부족한 잠을 보충했다. 그날
밤에는 한국에서 온 경기대 재활의학과 교수님 일행과 합류하기로 되
어 있었다. 공항에 나가기 전, 저녁 시간을 이용해 남인도 신학교에서
학생들에게 설교를 했다. 다윗이 어떻게 하나님의 마음에 합한 사람
이 되었는지를 설교했는데, 학생들이 "아멘"으로 말씀을 받아들이는
모습에 나 역시 큰 감동을 받았다.

그 학교에는 북인도 여행에서 알게 된 목사님의 딸이 기숙사에 머
물고 있었는데, 오랜만에 만나서 많은 애기를 나눌 수 있었다. 그들은
그에게 "아버지께서 하나님의 일을 하고 계신 것은 큰 축복"이라는
점을 강조했다. 그 딸 역시 나중에 목회자가 되어 아버지를 도울 생각
을 하면 무척 흐뭇하다고 했다.

인선교사와 정필집사 일행은 경기대 재활의학과 교수님이 이끄는
약손봉사회와 함께 사역을 했다. 이들은 현지인들의 아픈 곳을 진찰
해주었고, 각종 부식과 의약품을 나눠주는 등 선교 사역 내내 그들에
게 큰 도움이 되었다. 현지에서 몸살에 시달렸던 그들은 봉사회가 준
약이 아니었다면 곧바로 비행기를 타고 한국에 돌아와야 했을 것이
다.

남인도 신학교에 위치한 교회에서 주일 예배가 열렸다. 그곳에서는
인도 특유의 찬송을 많이 불렀는데 인도 각 지역의 방언이 동원되었

다. 먼저 회중이 찬송을 부를 때는 타밀어와 텔루구, 카나르다카어를 번갈아 부르고, 특송은 보로 언어로, 마지막 찬송은 김정필 집사가 한국어로 불렀다.

"참 아름다워라~주님의 세계는~

저 아침 해와 저녁노을 밤하늘 빛난 별~"

집사의 찬양은 수준급이었다. 현지인들도 찬양이 끝나자마자 박수로 집사의 실력을 인정해주었다. 선교사가 영어로 설교하면 텔루구 언어로 통역이 되었다. 그들은 저녁예배에 설교를 하기로 되어 있었다. 느헤미야 1장을 중심으로 영어로 설교를 하며, 현지 교인들과 함께 은혜를 나누었다. 비록 언어는 달랐지만, 성령님의 인도하심으로 그들이 강조하고 싶은 내용을 청중들과 한 마음으로 공감하며 모두가 큰 은혜를 받을 수 있었다.

다음날에는 약손봉사회의 진료 봉사가 있었다. 오전엔 교회 성도들과 동네 주민들이 진료를 받았고, 점심식사 후에는 신학생들이 차례로 진료를 받았다. 다들 몸이 아픈데도 불구하고 얼굴에선 웃음이 떠나지 않았다. 그 모습을 보고 '인도 사람들은 비록 이방 신을 섬기지만, 성품이 온화하고 친절하다' 는 생각을 했다.

진료 받는 사람들 중에는 한국의 침술에 대해 낯설어하는 이도 있었는데, 긴 바늘을 몸에 댄다는 것을 몹시 두려워하였다. 특히 아이들은 침 끝만 봐도 자지러지게 울면서 바늘을 회피하려고 했다. 내가 옆에서 아이들을 달래면서 봉사팀이 무사히 진료를 마칠 수 있도록 거들어주었다.

정필집사는 봉사회의 뒷바라지는 물론 순례 기간 내내 곳곳을 사진으로 기록하는 등 무척 중요한 일들을 맡아주었다. 특히 그들이 현지에서 관광차 시내에 나갔을 때는 절도범에게 당하지 않도록 하기 위해 일부러 가짜 수염을 붙이고 다니기도 했다. 수염이 있는 남자는 함부로 건드릴 수 없다는 이유에서였다. 그들은 함께 지낸 1주일 동안 무척 즐겁게 교류하며 지낼 수 있었다.

다음날, 뱅갈로르에서 차로 2시간가량 떨어진 지역에서 최근에 지은 예배당의 입당예배를 드리고 의료봉사를 계속했다. 새벽 5시에 일어나 예배를 드린 뒤, 아침식사를 하고 체루루라는 지역으로 향했다. 입당예배는 전도 집회를 겸한 자리였다. 예배당에 호기심을 갖고 모여든 사람들이 자리를 꽉 채웠다. 그들은 '신자 되기 원합니다' 라는 찬양을 영어로 불렀다.

찬양하는 모습이 인상적이었는지, 어떤 이들이 몸짓을 쫓으면서 찬양을 따라하는 경우도 있었다. 이날 전도 집회는 열정적인 설교로 청중들의 뜨거운 반응을 이끌어낼 수 있었다.

"성경에는 '주 예수를 믿으라. 그리하면 너와 네 집을 구원을 얻으리라' 라고 말씀했습니다. 여러분은 힌두교를 믿는 나라에 태어나 예수님을 알지 못한 채 오늘날까지 살아왔습니다. 지금까지는 아무도 여러분에게 복음을 증거 하지 않았었기에 죄가 없었지만, 지금 이 순간

제가 전하는 복음을 받아들이지 않는다면, 여러 분은 지옥의 심판을 면할 수 없을 것입니다.”

청중들은 뜨거운 눈물로 회개의 고백을 하며 자신의 죄를 뉘우쳤다. “예수 믿을 사람은 두 손을 들고 앞으로 나오라”는 말에 한꺼번에 100여 명의 사람들이 자리에서 일어났다. 아이와 노인, 여자와 남자 할 것 없이 하나님의 말씀에 점령당한 사람들은 자신의 죄를 뉘우치고 그 자리에서 예수님을 구세주와 주님으로 믿었다.

인선교사는 인도 땅의 전도 집회에서 자신을 들어 쓰시는 하나님께 감사하며 눈물의 기도를 했다.

‘주님, 감사합니다. 이렇게 귀한 축복의 집회에서 저를 들어 써주시니 주님의 은혜에 감사와 찬양을 올려드리기 원합니다. 남은 집회 기간 동안에도 저를 축복하시고, 인도 사람들이 모두 은혜 받고 주님의 제자로 거듭날 수 있도록 이끌어주옵소서.’

티 없이 맑고 순수한 인도의 아이들

집회기간 중 그들은 휴식을 통해 인도의 곳곳을 둘러볼 기회가 있었다. 그들은 차로 4시간 거리에 떨어진 MYSORE라는 도시의 고궁을 여행했다. 고궁으로 가는 중간 휴게소에서는 ‘도세’를 다시 맛볼 수 있었다. 인도의 고궁은 아름답고 신비로웠다. 한쪽에서는 여행객들이

낙타를 타볼 수 있도록 하는 체험코너도 마련돼 있었다. 한 번 타는데 20루피(한화로 약 500원)였는데 코끼리는 그보다 5배 비싼 100루피였다.

"여기도 순 장사꾼들만 있네."

일행 중 한 사람이 구걸하는 아이들에게 2루피를 건네자, 어디 숨어 있다 나왔는지 10여 명의 아이들이 달라붙어 그들에게 돈을 요구했다. 인도에는 구걸하는 아이들이 참 많다. 참 아리송한 것이 해맑은 얼굴에 반해 얼마를 쥐어주면, 금세 친구들을 데려와 돈을 더 타간다는 것이다. 일일이 응대를 할 수 없기 때문에 적당한 선에서 물리쳐야 하지만, 누군 돈을 주고 누군 안 주는 것도 참 못 할 일이다. 직접 돈을 주기보다는 품에 갖고 있는 간식을 조금씩 나누어 주는게 좋다.

인선교사와 정필집사 일행은 인근 호텔 식당에서 점심을 먹었다. 선교사님이 미리 일러준 대로 '버터 난' 이라는 음식에다 '치키버터 커리', 그리고 볶음밥을 시켰는데 음식맛을 본 일행이 모두 환호성을 터뜨렸다. '도세' 는 어지간한 음식은 다 잘 먹는 사람 입맛에도 영 아니었는데, 이곳 호텔에서 먹는 음식은 신기하게도 한국인의 입맛에 딱 맞았다.

"여기 음식 몇 개 더 싸갈까?"

농담처럼 한 말인데 모두들 "꼭 싸가자"고 해서 한참을 웃었다.

약손봉사회는 며칠 후 한국으로 돌아갔다. 인선교사는 새벽예배 설교를 마친 다음, 의료팀의 공항 배웅을 나갔다가 곧바로 고아원으로 향했다. 미리 쇼핑센터에 들러 선물을 산 다음, 아이들이 좋아할 만한 선물을 골고루 나누어주었다. 고아원에는 약 40여 명의 아이들이 성도들과 함께 생활하고 있었다.

"한국에서 온 손님들이 선물을 주러 왔다"고 하자 아이들은 신이 나서 소리를 질렀다. 어느 나라를 가든 아이들은 참 티 없이 맑고 순수한 것 같다. 아이들은 그들의 목을 끌어안고 포옹을 해주는가 하면, 볼에다 뽀뽀를 하고 도망가는 아이도 있었다.

고아원은 작은 집에 여럿이 옹기종기 모여 살아서 여러 모로 불편하고 열악한 환경이었다. 도무지 선물만 전해주고 그냥 갈 수 없어 아이들을 모아놓고 축복기도를 해주었다.

"하나님 귀한 어린 생명들이 이곳에서 모여 생활하고 있습니다. 하지만 시설이나 여건 등이 부족해 불편한 점이 많습니다. 축복해주셔서 이 아이들과 여기 있는 모든 성도님들이 물질적 어려움 없이 편안하게 생활할 수 있도록 인도해주옵소서."

아이들과 헤어지는데 잠깐 동안 정이 들었는지 그들의 눈에 눈물이 맺혔다. 아이들도 못내 아쉬운 기색이었다. 그들은 한국에 돌아가면 반드시 후원을 잊지 않겠노라 다짐하며 그곳의 아이들과 작별의 인사를 나누었다.

북인도 선교여행을 떠나다

남인도 신학교를 방문했을 때는 마침 학교 측이 교단을 창설하는 뜻 깊은 행사가 열렸다. 토요일 오후에 시작된 창립총회에서는 선교사님께서 성경에 근거한 교단의 중요성을 강론하고, 그들은 교단 창설의 필요성과 연합활동의 유익에 대해 부연 설명을 이어갔다.

이날 참여한 교역자들 역시 교단 창설에 동감하며, 여러 목사들이 강단에 나와 같은 취지의 발언들을 연이어 쏟아내었다. 선교사님은 각 노회를 결성하고 노회장 지도자들을 임명했다. 척박한 인도 땅에서 복음 사명으로 세워진 일꾼들의 각오를 듣는 것은 사뭇 감격적이었다. 그들은 자신들이 인도 땅의 복음화를 담당하는 전초기지라는 각오로 죽을힘을 다해 예수를 전파할 것을 엄숙하게 선서했다. 그들은 그 모습을 보면서 크게 감동해 마음속으로 하나님께 감사의 기도를 올렸다.

이튿날 주일, 인선교사와 정필이는 싸티시 목사라는 분이 시무하는 교회와 신학교에 갔다. 인선교사가 설교하기로 되어 있었다. 연이은 설교와 빡빡한 일정이지만, 몸은 피곤하기보다 오히려 그 어느 때보다 활력이 넘쳐 있었다. 인도에 와서 주님께서 부어주신 선교의 열매들을 눈으로 보았고, 열정 있는 목회자들을 통해 선교의 도전도 많이 받았기 때문이다. 인선교사가 강단에서 전파한 하나님의 말씀을 듣고 인도 사람들이 회개하며 예수의 제자로 거듭난 것은, 아마도 평생을 두고도 잊지 못할 경험이 될 것이다.

교회에서는 이미 70여 명의 학생들이 그들을 기다리고 있었다. 예배 회집수가 약 100여 명으로 남인도 신학교보다도 많다는 사실에 그들은 적잖게 놀랐다. 사티씨 목사가 느헤미야 1장을 읽은 다음, 인선교사가 '지도자의 리더십' 을 주제로 강단에서 설교를 했다. 학생들은 남인도 신학교에 버금가는 뜨거운 열정으로 설교에 귀를 기울였다. 그들은 이렇듯 복음에 열정을 가진 학생들이 많다면, 앞으로 인도가 완전히 복음화 될 날도 머지 않았다는 생각이 들었다.

예배가 끝난 뒤 헬렌 사모의 안내를 받아 신학생 기숙사들과 고아들의 숙소를 둘러보고 점심대접을 후하게 받을 수 있었다. 저녁에는 싸티씨 목사 부부가 남인도 신학교의 저녁 예배에 참석해 설교를 인도했다. 그날은 특히 모두 함께 통성으로 기도하는 시간을 가져 이전보다 은혜가 풍성했던 것 같다. 그들은 이날을 기점으로 본격적인 북인도 선교여행을 계획하고 있었기에 밤늦은 시간까지 교회에 남아 하나님께 기도를 한 뒤 자정이 되어서야 잠자리에 들었다.

북인도 선교여행의 첫 번째 목적지는 아쌈주의 구와띠였다. 새벽에 출발한 그들은 공항 수속을 마치고 간단하게 배를 채웠다. 공항으로 향하는 길에 안개가 짙어 걱정했었는데 예상대로 비행기가 연착될 예정이라는 안내 방송이 나왔다. 6시 30분에 이륙 예정인 비행기는 8시가 다 되어서야 공항을 빠져나왔다. 그들은 2시간 10분가량을 날아 뉴델리에 도착했다. 뉴델리에서 구와띠로 가는 비행기를 갈아타야 했는데, 연착 때문에 시간이 10여분 밖에 남지 않은 상태였다.

공항 측에서는 비행기로 바로 옮겨 탈 수 있도록 차량을 대기시켜 놓았다고 했다. 그들은 비상문을 통해 버스를 타고 다음 비행기로 곧장 내달렸다. 마치 첩보영화에 나오는 한 장면처럼 아슬아슬한 경험이었다. 그들은 구와띠행 비행기를 탈 때까지 말 한마디 제대로 하지 못했다.

델리에서 구와띠까지는 1시간 40분 남짓한 시간이 걸렸다. 공항에 도착하자 젭따 목사가 택시를 대절해 와서 기다리고 있었다. 그들은 애초 기차를 타고 '봉하이고 벤톨' 이라는 지역까지 가려고 했지만 기차노조가 파업하는 바람에 부득이하게 택시를 대절했다. 3천 루피라는 거금을 주고 지방도로를 5시간 동안 달려 젭따 목사의 집에 겨우 도착했다.

그곳에서 기다리고 있던 아이작 목사부부와 몬이온 목사 부부는 그들을 반갑게 맞아 주었다. 그들은 지난 선교여행에서 있었던 일들을 상세히 소개해주었다. 목사 부부에게서 현재 북인도의 사역 여건과 이곳의 실정에 대해 다양한 이야기를 들을 수 있었다.

샨끌리족 마을 사람들

북인도 선교여행의 첫 번째 일정은 부탄에 있는 지하 교인들을 만나는 것이었다. 아침식사를 마친 그들은 차를 타고 부탄 국경으로 향했다. 도로 상태가 워낙 나빠 작은 승용차로 가는 데 꽤 많은 시간이 걸렸다. 고작 20여 km를 달리는데 2시간이 걸렸다면 어느 정도인지 짐작이 갈 것이다.

도중에는 지역 토착민인 산클리 부족들의 모습도 보였다. 어렵사리 국경에 도착한 그들은 비자가 없어서 한동안 고생을 했다. 캐나다 시민권자인 인선교사는 2시간 동안 들어갈 수 있다고 허가를 받았지만, 한국 국적인 김 집사는 그마저도 허락해줄 수 없다는 거였다. 아쉽지만 거기서 철수를 해야 했다. 돌아오는 길에는 미션 센터를 운영하는 인도 목사의 사역지를 잠깐 들렀다. 올 때와 마찬가지로 험난한 길 때문에 꼬박 2시간을 길에서 허비해야 했다.

저녁은 교우들을 초청해 한국에서 가져온 사발면으로 식사를 대신했다. 난생 처음 사발면을 먹어보는 그들은 "너무 맛있다"면서 연신 환호성을 질렀다. 그들은 한국에서 가져온 과자를 풀어놓고 교제를 나누었다. 그러고 보면 인도 사람들은 한국 음식을 꽤 잘 먹는다. 김치며 된장찌개도 그렇고 사발면과 과자도 그렇게 좋아하니, 그들의 혈관 속에는 한국인과 같은 피가 흐르고 있는 걸까.

다음날 아침, 새벽 가정예배는 아이작 목사님 댁에서 드렸다. 그들은 돼지고기 요리를 맛있게 먹고 집을 나서 샨끌리족이 사는 마을로 향했다. 샨끌리족 마을은 정부의 이주 정책으로 인해 형성된 마을로 총 49가구가 이주해 있었으며 예배당을 새로 짓고 있었다. 그들은 예배당 건축기공식에 참석해 기도와 헌금으로 축하해주었다.

설교 단상에 오른 그들은 스가랴 4장의 말씀을 인용해 "작은 일이라도 멸시하지 말고 기도로 준비하면 이 교회를 통해 하나님의 큰 종들이 배출될 수 있다"는 점을 강조했다.

정필집사 일행은 이웃 동네에도 들러 마을 주민들을 모아놓고 전도를 했다. 바로 옆 샨끌리족 사람들이 예수를 믿기로 했다는 소문을 그들도 들었을 것이다. 부족 간 연대의식이 강한 그들은 예수그리스도가 하나님의 아들이며, 이 땅에 복음을 전하러 왔다가 십자가에 달려 돌아가셨다는 사건을 진지하게 받아들였다.

그들은 예배가 끝나고 기도로 그들을 축복해준 뒤 아이 강을 건너서 다른 마을로 이동했다. 대략 7km 가량 되는 거리를 도보로 걷는데 강에 대나무 다리를 지날 때마다 돈을 내야 했다. 함께 걷던 일행 중 다리를 삐끗한 아이가 있어서 중도에 오토바이를 타고 이동하게 되었다. '애프터 스쿨' 사역 현장을 방문한 그들은 아이들과 주민들을 모아놓고, 함께 예배를 드렸다. 과자며 사탕이며, 다양한 먹을거리를 나눠주자 아이들은 무척 즐거운 표정으로 우리를 따랐다.

그들은 저녁 예배 때 나아만 장군에 관한 말씀을 전했다.

"성경에 보면 나아만 장군이라는 사람이 나옵니다. 하지만 그에게 는 불치의 문둥병이 있었습니다. 번쩍이는 갑옷 안에 피고름이 맺히고 살이 썩어 들어가는 병을 앓으면서 그는 얼마나 자신의 인생을 저주 했겠습니까. 나아만의 마음은 갑갑하고 괴로웠을 것입니다. 돈이나 권 력이 없기 때문이 아닙니다. 점차 보기 흉해져가는 자신의 모습 때문 이었습니다. 하지만 나아만은 귀가 열린 사람이었습니다. 그의 집에 이 스라엘에서 종으로 끌려온 계집아이를 통해 하나님의 선지자에 대한 말을 듣습니다. 나아만이 문둥병에서 고침 받는 방법은 무척 간단했 습니다. 요단강에 몸을 일곱 번만 담그면 되었으니까요. 죄 사함을 받 는 방법은 이보다 더 쉽습니다. 일단 귀를 열고 내 생에 모든 죄가 그 리스도에게 있는지 살펴보면 됩니다."

말씀에 은혜를 받은 성도들은 성령이 충만한 채 뜨겁게 기도했다. 그들은 1시간 동안 기도를 한 뒤 서로를 끌어안고 축복을 해주었다.

집회 도중 질병의 치유를 경험한 사람들

뱅골주에 위치한 '고아르당아'라는 마을에서 특별 집회를 열게 되 었다. 100km도 더 넘게 떨어져 있어 차 없인 갈 수 없었지만, 일부 부족 들이 통행을 막은 채 시위를 하고 있어서 집회를 취소해야만 하는 상 황이었다. 그들은 그곳 교회 목사님께 전화를 걸어 자초지종을 설명했다.

"목사님, 집회 때문에 차로 갈 수 없는 상황인데 어쩌죠? 아무래도 다음 기회를 기약해야 할 것 같습니다."

"안 됩니다. 저희는 이 집회를 1년 전부터 준비해왔습니다. 저희 쪽에서 오토바이를 보내 드릴 테니 꼭 와주셨으면 좋겠습니다."

그들은 오타바이 3대에 6명이 나누어 타고 교회로 향했다. 도중에 시위대를 만나 길을 우회하기도 했지만, 우여곡절 끝에 3시간 반 만에 현지에 도착할 수 있었다. 오토바이 뒷좌석에 앉은 그들은 덜컥대면서 튀어 오르는 오토바이 때문에 허리가 몹시 아팠다.

교회 앞에서는 교인들이 구름떼처럼 모여서 일행을 마중 나와 있었다. 그곳 성가대는 춤을 추고 찬양하면서 그들을 반겨주었다. 교인들 중에는 노인들과 다리를 저는 환자들도 꽤 많았는데, 아랑곳하지 않고 일행을 마중 나와 주었다는 사실이 고마웠다.

예배는 은혜 가운데서 순조롭게 진행되었다. 특별히 그곳에서는 다 함께 기도를 하는 와중에 질병에서 고침을 받은 사람들도 몇몇 있었다. 그들은 기도할 때면 늘 아픈 부위에 손을 대고 기도할 것을 권했고, "그가 징계를 받음으로 우리가 평화를 누리고 그가 채찍에 맞음으로 우리가 나음을 입었도다(이사야 53장 5절)"라는 말씀으로 성령님의 치유 역사를 목도할 수 있었다.

질병에서 나았다는 것을 깨달은 일부 성도는 자신이 받은 은혜를 성도들 앞에서 간증하며 하나님께 영광을 돌리기도 했다. 그들은 예배가 끝난 뒤 기념사진을 찍고, 교회에서 준비한 음식을 먹으며 교제를 나누었다. 작별의 시간에는 서로를 부둥켜안고 울면서 축복의 기도를 해주었다.

돌아오는 길은 쉽지 않았다. 해가 일찍 저물어 주변은 곧 어두워지기 시작했다. 오토바이의 전조등 불빛이 약한 데다 주위가 어두워 속도를 낼 수가 없었다. 시위가 끝나면서 수많은 차량들이 한꺼번에 몰려 교통정체 또한 무척 심했다. 저녁이 되자 기온은 급격하게 떨어지기 시작했다. 헬멧도, 장갑도 없이 오토바이를 타고 가면서 추위에 몸이 덜덜 떨렸다.

돌아오는 길에 봉하이곤 교회에서 집회가 예정되어 있었지만 오토바이가 고장 나는 바람에 취소되었다. 주변은 온통 차량의 소음으로 시끄러운데다 찬바람을 끊임없이 맞고 달려서 몸은 서서히 굳기 시작했다. 그동안 선교여행에서는 교통 문제 때문에 힘든 적은 없었는데 이날은 모처럼 온갖 고생을 경험한 셈이다. 하지만 그들은 불평하지 않았다. 선교여행 중 수차례 고난을 당한 사도바울을 생각했다.

"내가 수고를 넘치도록 하고 옥에 갇히기도 더 많이 하고 매도 수없이 맞고 여러 번 죽을 뻔하였으니. 유대인들에게 사십에 하나 감한 매를 다섯 번 맞았으며, 세 번 태장으로 맞고 한번 돌로 맞고 세 번 파선하는데, 일주야를 깊음에서 지냈으며, 여러 번 여행에 강의 위험과 강도의 위험과 동족의 위험과 이방인의 위험과 시내의 위험과 광야의 위험과 바다의 위험과 거짓 형제 중의 위험을 당하고, 또 수고하며 애쓰고 여러 번 자지 못하고 주리고 목마르고, 여러 번 굶고 춥고 헐벗었노라. 이 외의 일은 고사하고 오히려 날마다 내 속에 눌리는 일이 있으니 곧 모든 교회를 위하여 염려하는 것이라. 누가 약하면 내가 약하지 아니하며 누가 실족하게 되면 내가 애타하지 않더냐. 내가 부득불 자랑할진대 나의 약한 것을 자랑하리라."(고린도후서 11:23~30)

'오, 주님. 사도바울처럼 환란과 고난 앞에서 저의 약함을 드러낼 수 있도록 도우소서. 약하고 피곤한 몸을 흑암 속에서 건져주시고 빛으로 인도하소서.'

그들은 4시간 30분 만에 겨우 아리바시 침례교회에 도착해 몸을 녹일 수 있었다. 장작불에 한동안 몸을 쪼였는데도 얼어붙은 몸은 좀처럼 녹지 않았다. 하지만 고난 가운데서도 집회를 잘 인도하도록 이끌어주신 주님께 한없는 감사의 찬양이 흘러나왔다.

소아시아 교회들을 전도한 바울의 심정으로

봉하이고 시내에 있는 성경학교에서 강의하는 날, 예수님의 족보에 관한 성경 말씀을 풀어서 학생들에게 설명했다. 20여 명의 학생들은 모두 여러 지역의 소수민족이었다. 신학대에서 공부하는 대학생들도 그렇지만, 인도의 청년들은 모두 배움의 열의가 대단하다. 특히 성경말씀에 관한 해석을 해주면, 그 배경과 맥락에 대한 질문을 꼬치꼬치 물으면서 꼼꼼하게 필기하는 모습이 무척 인상적이었다. 우리나라의 신학생들이 이 정도의 열성을 갖고 공부했는지 부끄러울 정도였다. 그중에서 한 학생은 목회자를 꿈꾸고 있었는데, 어머니가 불치의 병에 걸려서 신학대에 진학할 형편이 못 된다고 했다. 그들은 그 학생을 위해 축복 기도를 해주고, 나중에 한국에 올 일이 있다면 꼭 연락하라고 일러두었다.

강의를 마치고 돌아오는 길에는 수빌 전도사가 시무하는 교회에 들러서 예배를 드렸다. 6백만 루피를 들여 큰 교회를 짓고 있었는데, 목사인 남편이 천국에 간 뒤 부인이 지도자가 되어 교회를 이끌고 있다는 사연을 들었다.

저녁에 예배를 드리고 있었는데 갑자기 정전이 되어 도중에 예배가 중단되기도 했다. 주위는 어둠으로 캄캄해져 그들을 다시 불이 들어올 때까지 잠깐 동안 교회 밖으로 나가 기다리고 있었다. 그때 성도 중 한 사람이 시편 19편 말씀을 암송하면서 그들에게 잔잔한 은혜를 끼쳤다.

"하늘이 하나님의 영광을 선포하고 궁창이 그의 손으로 하신 일을 나타내는도다. 날은 날에게 말하고 밤은 밤에게 지식을 전하니. 언어도 없고 말씀도 없으며 들리는 소리도 없으나, 그의 소리가 온 땅에 통하고 그의 말씀이 세상 끝까지 이르도다. 하나님이 해를 위하여 하늘에 장막을 베푸셨도다." (시편 19:1~4)

“여호와의 교훈은 정직하여 마음을 기쁘게 하고, 여호와의 계명은 순결하여 눈을 밝게 하시도다”란 8절 말씀은 늘 은혜가 된다. 그의 암송이 끝날 무렵에 신기하게도 전기가 다시 들어왔다. 말씀을 들은 성도들은 은혜를 충만하게 받아 뜨겁게 기도했고, 예배를 무사히 끝마칠 수 있었다.

산클리 부족의 작은 교회로 이동했을 때는 전기가 잘 들어오지 않아 아예 촛불을 켜고 예배를 드렸다. 그들은 야고보서 1장 12절 말씀을 중심으로 모든 좋은 것들이 아버지 하나님께로부터 온다는 설교를 전했다. 이와 함께 성도로서 지켜야 할 5가지 신앙 원칙에 대해서도 설명해주었다. 교인들은 그들의 말에 집중하고 경청하며 “아멘”으로 화답했다.

교회들을 순방할 때마다 크고 작은 하나님의 이적이 함께해 감사하고 기쁜 마음이 들었다. 사도바울이 소아시아 교회들을 생각하던 마음이 이와 같았을까. 주님의 말씀을 대신 전하는 선교사 역할을 감당하면서 그들은 땅 끝에 거하는 소수민족 한 사람까지도 사랑하시는 주님의 뜻을 조금이나마 헤아릴 수 있었다. 그에 비하면 몸 고생하고 힘든 것쯤이야…

인도의 인구는 12억이고, 국토는 남한의 33배 크기인 대국이다. 이곳에는 자그마치 3억 3천이라는 어마어마한 수의 신(神)들이 존재한다. 인도 지역 중 특히 ‘구자라트’, ‘오리사’ 등지는 기독교를 박해하는 지역이다. 현재 구자라트 주에는 살인적 바이러스가 창궐해 대사관을 통해 여행 제한지역으로 지정된 곳이기도 하다.

인도의 기독교 탄압은 이미 악명 높은 것으로 알려져 있다. 인도의 과격 힌두교인들이 기독교 말살 계획을 세우고 있는 것이다. 가끔 인도에서 온 선교편지를 받으면 오리사에서 일어난 기독교 핍박의 끔찍한 실상을 전해들을 수 있다. 대개 핍박의 배후에는 힌두민족주의 급진 정당이 있는 것으로 알려져 있다.

인도의 과격 정당인 RSS와 BJP가 인도 기독교인들을 공격하고 살인하며, 심지어는 불태우는 일이 매우 빈번하게 일어나고 있다. 뱅갈로르에서 사역하는 한 목사님은 RSS에서 죽이겠다는 협박 편지를 여러 번 받았다고 했다. 그들은 교회를 불태우거나 집기들을 모두 때려 부수고, 목사를 발견하면 즉각 죽이기를 작정한 이들이다. 그들이 인도에 머물 당시만 해도 목사 2명이 살해당했다는 소식을 듣기도 했다.

사정이 이런데도 인도의 주정부는 아직도 아무런 대책을 세우지 않고, 이러한 행위들을 묵인하는 실정이라고 한다. 그러니 우리나라에서 인도로 파견된 선교사들은 목숨을 걸고 선교를 하고 있는 셈이다.

다행이 최근엔 인도 복음 선교와 관련해 좋은 소식도 들려오고 있다. 바로 얼마 전 인도 국민을 대상으로 하는 기독교 텔레비전 방송이 전파를 송출하게 되었다는 소식이다. 수십 년 동안 복음 전파 활동을 해온 미국의 새미 티팻이라는 사람이 인도에서 그 결실을 맺었다. 기독교 방송은 인도의 남부 지역에 있으며 스리랑카와 인접한 타밀 나두(Tamil Nadu) 주에 있는 기독교인들을 돕기 위해 만들어졌다. 타밀 나두는 6천만 명 이상의 인도인이 거주하는 큰 주이고, 특히 주 정부가 주에 있는 모든 가정에 텔레비전을 한 대씩 보급한 주라서 이번 방송 송출이 더욱 큰 의미를 갖는다.

인도인들을 위해 그들은 끊임없이 기도하며, 부단히 후원에 힘써 인도의 복음화에 앞장서야 한다. 그것이야말로 우리보다 앞서 그곳에서 자신의 삶을 헌신하며 복음을 전파하다 삶을 마감한 선교사들에 대한 예의이며, 주님께서 십자가에 피 흘려 돌아가신 값진 희생을 더욱 의미 있게 만드는 일이다.

신앙의 불모지, 남아프리카로 향하다

2011년 1월의 마지막 날. 인선교사와 정필집사는 20여 일간의 인도 사역을 마치고 남아프리카로 향했다. 절대 다수의 기독교인들이 있지만 여전히 동성애와 일부다처제, 그리고 할례가 행해지는 곳. 예수님을 알지만 성경의 본질을 오해하는 민족들. 그들을 위해 하나님의 말씀을 온전히 전파하며 예수님의 가르침을 전하는 것이 우리의 임무이다.

방갈로르에서 3시간 반을 날아가 도바이에 도착한 일행은 8시간의 비행 끝에 남아공에 도착할 수 있었다. 그곳 요하네스 공항에 도착하니, 김창길 목사님이 공항에 마중을 나와 계셨다. 김창길 목사님은 2001년 남아공선교사로 파송돼 현재 남아공과 모잠비크 두 나라를 대상으로 사역하고 있다. 남아공과 모잠비크에 각각 2개의 성전을 건축했고, 모잠비크 현지에서 148명의 고아들을 돌보고 계신다. 그들은 오랜만에 뵙는 목사님의 얼굴이 무척 반가워 힘껏 포옹했다.

2월의 첫 날을 아프리카에서 맞는 기분은 무척 흥분되었다. 곧 있을 모잠비크 방문을 위해 비자를 미리 발급받기로 했다. 대사관에 가서 비용을 물으니 캐나다인은 750랜드를 내야 한다고 했다. 한국인은 210랜드이니 거의 3배 가까운 비용이다. 얘기를 듣자하니 국력에 따라 비용에 차등이 있는 거라고 한다. 대사관에서 돈을 직접 내지 않고 은행에 가서 비용을 지불한 뒤 영수증을 제출하는 방식이라니 몹시 까다로웠다.

그들은 비자를 신청해놓고 쇼핑센터를 잠시 둘러본 뒤 오후에 대사관에 다시 들러 여권을 찾아왔다. 저녁에 목사님께서는 그들 일행을 위해 바비큐 파티를 열어주셨다. 못 다한 얘기를 밤늦은 시간까지 풀어놓은 그들은 새벽이 되어서야 잠자리에 들었다.

다음날은 지도자 교육과 특별집회로 일정이 빠듯해 아침부터 서둘러야 했다. 몰로토 지역에서 열린 지도자 교육에는 14명의 목회자들이 모여 있었다. 남아공은 흑인 목회자들 중 95%는 신학 교육을 받지 않고 스스로 목사가 된 이들이다. 때문에 신학 교육을 받은 목회자들이 파송돼 이들에게 올바른 목회관과 신학 공부를 도와주는 일이 매우 중요하다. 국내에서 파송된 선교사들은 정기적인 세미나를 통해 이러한 목회자 교육 사역을 담당하고 있었다.

김창길 목사님과 그들은 오후 2시까지 '느헤미야 지도자론'을 강의했다. 목회자들은 진지한 태도로 강의를 경청하며 말씀에 집중했다. 그들은 영어 통역을 위해 수고한 젊은 목사에게 선물의 의미로 그들이 사용하던 파커 볼펜을 주었다.

오후부터는 심한 폭우가 쏟아지기 시작했다. 하마스크랄 지역에 사는 이들은 몹시 가난하기 때문에 집에 우산이 없어서 외출할 수 없다고 했다. 집집마다 찾아갈 수 없는 노릇이니 집회는 고스란히 취소될 수밖에 없었다. 그들은 교회에서 준비한 간단한 음식을 먹고 서둘러 돌아올 수밖에 없었다. 집에 오는 길에 그들은 가난한 하마스크랄 지역 주민들을 위해 하나님께 기도했다.

'주님, 비 오는 날씨에 우산이 없어서 집회를 열지 못한 저들의 사정을 불쌍히 여겨 주세요. 저들의 경제적 여건이 하루 속히 나아져 집회를 열 수 있는 공간이 마련되기를 원합니다.'

선교지에서 맞는 설 명절

선교 여행을 하며 구정을 맞은 그들은 요하네스버그의 한인 교회의 초청으로 식사를 대접받을 수 있었다. 그곳에서 먹는 김치찌개며 한식 반찬 일색이 그야말로 꿀맛 같았다. 그동안 한식이라고 먹은 게 햇

반을 전자레인지에 데워 김치와 곁들이거나, 고추장에 비벼먹는 게 전부였기에 그들은 오래간만에 포식할 수 있었다.

아침을 두둑하게 먹고 기분이 한참 좋아졌는데 갑자기 차가 고장나버렸다. 얼터네이터가 고장을 일으켜 충전이 안 된다고 했다. 그들은 차를 놔두고 택시를 대절해 부품을 사러 시내까지 나가야 했다. 차를 고치느라 점심은 생략. 3시가 넘어서 옥수수 구운 것을 조금 먹은 것으로 만족해야 했다. 얼터네이터를 교체했더니 이번엔 브레이크가 말썽이었다. 에어컨마저 고장이 나서 그들은 두 손 두 발을 다 들고 말았다.

사모님께서는 하루 종일 차 때문에 속을 끓인 그들을 위해 떡국으로 저녁식사를 차려주셨다.

'한국에 있는 가족들과 교인들은 모두 잘 지내고 있을까.'

머나먼 타지에서 명절을 보내려니 새삼 고향 생각이 뭉실뭉실 피어올랐다. 외국에 나가면 모두 애국자가 된다는 말은 사실인가보다. 그래도 하나님께서 맡기신 사명을 감당하고 있다는 사실을 생각하면 슬픔이나 걱정은 곧 사라졌다. 이런 은혜는 선교여행이 아니면 평생을 맛보지 못했으리라.

3일 동안 요하네스버그에 있는 한인교회에서 특별 제자 세미나가 열렸다. 그들은 저녁집회 때 설교하기로 되어 있어서 낮 시간 동안 말씀을 읽는 데 시간을 보냈다. 집회 설교에서 '지정의(知情意)'를 주제로 설교하기로 마음먹었다.

첫 번째 시간은 '은혜의 방편들' 에 대한 강론을 했고, 둘째 날은 '그리스도의 족보' 에 관한 설교를 했다. 셋째 날에는 인간의 의지를 강조하는 뜻에서 '느헤미야의 지도자론' 을 강론했다.

쉴 틈 없이 계속된 설교에도 참석자들은 지루한 기색 없이 집중해서 말씀을 들었다. 말씀을 전하다보면 청중들의 반응이 실시간으로 전달되는데, 그들의 말이 지루한지 흥미로운지, 어려운지 쉽게 이해되는지 눈빛만 봐도 알 수 있게 된다. 다행히 어렵게 느낄 수 있는 주제임에도 청중들은 그들의 말을 흥미롭게 경청하고 있었다.

요하네스버그에서 맞는 첫 번째 주일은 화창한 날씨라서 하나님께 감사했다. 그들은 지난 번 집회 때 강론한 내용을 갖고 참석자들과 함께 토론회를 열었다. 참석자들은 모두 이번 세미나를 통해 각자가 신앙의 도전을 받았노라고 고백했다. 그들 역시 열성적으로 준비한 설교에 청중들이 뜨거운 반응을 보여 큰 보람을 느낄 수 있었다.

집회를 비롯한 모든 일정이 끝나자 그곳 목사님께서 인선교사에게 사례비를 내밀었다.

"괜찮습니다. 교회 운영도 어려우실 텐데 보태 쓰십시오."

인선교사는 사례비를 기대한 건 아니었기에 정중하게 거절했다. 그러자 목사님께서는 "이 돈은 제가 드리는 것이 아니라 세미나에 참석한 이들의 작은 정성을 보탠 것입니다. 이들의 성의와 마음이 담겨 있는 것이니 선교 여행에 작은 보탬이 되었으면 합니다." 라고 말씀하셨다.

어쩔 수 없이 감사한 마음으로 봉투를 받아들었다. 인선교사는 목사님에게 "여행경비에 큰 보탬이 되어 감사하다고 전해달라"고 말했다.

남아공의 북쪽 지역으로 이동한 그들 일행은 Heziview에서 20km 가량 떨어진 화이트 리버 지역의 ASM 신학교 숙소에 도착했다. 그들은 김 목사님이 성전 건축을 돕고 있다는 리키데일 교회에서 창호 건축을 봐주었다. 유리창문의 크기를 재고 시내에 나가 필요한 건축자재를 사서 간단한 작업을 도와 드렸다.

시내에 나갔다가 우연한 기회에 예전에 알고 지내던 목사님을 만나게 되었다. 사모님이 어느덧 쌍둥이를 임신해 곧 한국에 돌아올 예정이라는 소식이었다. 사모님은 임신에 어려움이 있어 오랫동안 기도를 하며 병원 진료를 받아왔는데, 몇 달 전 쌍둥이 임신이라는 기쁜 소식을 듣게 된 것이다. 사모님 임신하게 되어 축하한다는 말을 전했더니 목사님의 대답이 걸작이었다.

"저희 부부가 임신이 안 되어 기도를 오래 했는데 최근에 기도 응답을 받은 게 있습니다."

"어떤 기도응답인가요?"

"아들이면 하나님의 일을 위해 바치고, 딸이면 믿음의 사모로 키우겠다고 결심했는데 아내가 남자 쌍둥이를 임신하게 되었어요."

"그래서 어떻게 하실 생각인데요?"

"이왕 이렇게 된 거, 둘 다 목사가 되면 참 보람 있지 않을까 생각합니다."

　그곳 산부인과 의사도 어떻게 해보지 못한 임신의 열쇠는 하나님이 쥐고 계셨다. 의사가 수차례 임신이 어렵겠다고 했는데도 부부는 기도를 멈추지 않았다고 한다. 창세기에 보면 아브라함의 아내 사라는 나이가 80이 넘어 천사에게 임신 하리라는 말을 들었을 때 피식 웃고 말았다. 과학이나 인간의 힘으로 안 된다는 걸 알면 사람은 쉽게 절망하게 된다. 하지만 하나님께서는 인간의 힘을 뛰어넘어, 종종 우리가 상상하지 못한 방식으로 응답하곤 하신다. 그 얘기를 듣고 그들은 목사님의 쌍둥이 자녀들을 진심으로 축복해주며, 한국에 돌아오면 꼭 한 번 만나자는 약속을 했다.

신학에 대한 모잠비크 목회자들의 열정

　모잠비크 사역을 위해 국경을 넘는 날이었다. 수도인 마푸토에서 약 250km 가량 떨어진 곳에서 집회를 열 계획이었다. 일행은 ASM을 떠나 국경지대로 향했다. 도중에 모잠비크에서 사용할 물건도 미리 사두었다.

　그들은 순조롭게 국경을 넘어 테레사 목사의 집에 도착했다. 간단하게 식사를 마친 뒤 치부토라는 도시에 들러 한 교회를 방문하고 재빨리 집회 장소로 돌아오기로 했다. 너무 서둘렀는지 돌아오는 길에 길을 잃고 모래에 차가 빠져서 옴짝달싹 못하는 처지가 되어버렸다.

차는 어른 셋이 밀어도 꿈쩍도 안 했다. 그들은 부랴부랴 동네 아이들을 불러 모아 도움을 요청했다. 10여 명이 달라붙어 차를 밀었더니 바퀴가 조금씩 들리면서 겨우 구덩이를 빠져나올 수 있었다. 아이들에게 감사의 표시로 약간의 돈을 쥐어준 다음, 그들은 목적지인 교회에 무사히 도착할 수 있었다.

싸이싸이 교회에서 열린 지도자 교육은 50명의 인원이 참석해 열성적으로 강의를 들었다. 김 목사님이 처음 강의를 마친 뒤 강단에 올라 느헤미야 말씀을 주제로 설교를 했다. 이번에도 청중들은 뜨겁게 열광하며 "아멘"으로 나에게 힘을 북돋아주었다. 설교를 마치고 나자 참석자 중 한 사람이 "매년 정기 세미나를 열어줄 수 없겠느냐"고 물어 "그렇게 하겠다"고 기약 없는 다짐을 하고 말았다.

집회는 오후 2시가 넘어서야 끝이 났다. 늦은 점심을 먹은 뒤 기념 사진을 촬영하고 마푸토로 돌아왔다. 그들이 머문 숙소는 기독교 단체에서 운영하는 곳으로 가격은 저렴했지만 시설은 너무나 열악했다. 모잠비크는 2월에도 무척 덥기 때문에 창문을 열고 대형 모기장을 친 다음 잠이 들었다. 때 아닌 모기와의 전쟁은 이후로도 계속되었는데, 새벽마다 불을 켜고 모기를 잡고 잠들었다가 모기 소리가 나면 금방 또 깨곤 했다.

이튿날에는 마푸트에 있는 교회에서 지도자 세미나가 열렸다. 모잠비크는 남아공에 비해 학습 열기가 더욱 뜨거운 곳인데, 사람들의 인성도 착하고 순수해 강의에 더욱 공을 들였다. 오전 10시에 시작된 강의는 참석자들의 호응에 힘입어 점심도 거른 채 오후 1시까지 계속되었다. 그들은 그리스도의 족보에 관한 강의를 1시간 동안 계속했다. 남아공에서도 그랬지만 모잠비크 사람들도 가문이나 족보에 관해 관심이 많다. 여전히 부족 문화가 남아 있는데다, 가문에 대한 자부심도 크기 때문에 성경 속 예수님의 족보라는 주제는 꽤 효과가 있었다.

적어도 식사 문제에 있어서만큼은 인도나 남아공보다 모잠비크에서 더 호강을 했던 것 같다. 해물 요리로 식사를 하거나 손님을 위한 고급요리를 대접받았으니 날마다 은혜롭고 행복한 하루였다.

주일에는 테레사 목사의 교회에서 예배를 드리며 설교를 맡았다. 총 3개 교회 교인들이 함께 모여 공동으로 예배를 드리는 자리였다. 150여 명의 교인들이 예배당을 꽉 채웠고, 총 10개 팀이 특송으로 찬양을 불렀다. 인선교사는 '물로 된 포도주' 라는 제목으로 설교를 했다. 그들이 모잠비크에서 해야 할 마지막 설교였다. 혼신의 힘을 다해 은혜를 끼치려고 노력했고, 참석자들 또한 뜨거운 반응으로 하나님의 임재를 경험할 수 있었다.

선교 여행을 마치며

캐나다로 돌아가기 전날 밤, 그동안의 선교 여행을 돌아보고 미진한 점을 반성했다. 하나님의 역사로 뜨거운 기적을 체험했고, 여러 믿지 않는 이들이 회개하기도 했다. 성령님은 그들에게 이렇게 말씀하시는 것 같았다.

'선교여행을 통해 네가 알지 못하는 사이에 나는 너를 변화시켰다. 네 지경은 넓혀졌으며, 이전에는 알지 못했던 은혜의 분량도 너는 깨달았다. 앞으로 너를 들어 더욱 큰일에 사용하리라.'

성령의 음성에 그들은 뜨거운 눈물로 감동했다. 36일 동안의 일정 동안 주님께서는 한 순간도 그들을 버리지 않으셨다. 위험한 선교 여정 가운데서도 그들의 육체를 지키셨고, 심령이 지칠 때마다 그들에게 위로의 말씀을 부어주셨다. 그렇듯 뜨거운 성령의 감동을 미처 글로 담아내지 못한 것이 못내 아쉽다.

하지만 정필집사는 이번 선교여행을 통해 그의 인생에 하나님의 웅장한 역사가 벌어질 것이라는 기대를 걸 수 있었다. 부족한 그를 들어 써주시는 하나님, 평생을 통해 기도로 응답하시는 하나님에게 영광을 돌려드리기 원한다.

하나님은 새 일을 계획하시는 분이다. 알파와 오메가가 되시는 하나님께는 어제나 오늘이 동일하다. 그러기에 하나님이 새 일을 행하시는 것은 전적으로 우리를 위한 것이다. 시간과 공간의 지배를 받으며 사는 인간에게 하나님께서 행하시는 새 일은 오늘을 힘차게 살 수 있는 활력의 원천이 된다.

하나님께서 행하시는 새 일은 광야에 길을 내며 사막에 강들을 내는 것이다.

이사야 43장 18~19절에 보면 "너희는 이전 일을 기억하지 말며 옛적 일을 생각하지 말라. 보라 내가 새 일을 행하리니 이제 나타낼 것이라. 너희가 그것을 알지 못하겠느냐. 정녕히 내가 광야에 길과 사막에 강을 내리니"라고 기록돼 있다.

하나님께서 사막에 길과 강을 내시는 궁극적인 목적을 하나님을 찬송하게 하려는 것이다(이사야 43:21). 그것은 바로 하나님께서 인간을 창조하신 본래의 목적이기도 하다. 인간이 하나님을 찬송하는 것은 하나님께 지음 받은 인간이 해야 할 마땅한 도리이다.

하지만 인간은 타락 이후 삶의 메마름으로 인해 더 이상 하나님을 찬양하는 능력을 갖지 못했다. 때문에 하나님께서는 사막에 길과 강들을 내어 하나님을 찬양하는 우리의 능력을 회복시켜주신 것이다. 결국 하나님의 새 일은 우리 모두를 변화시켜 하나님을 찬송하는 주체가 되도록 하신다.

하나님을 믿고 신앙생활을 한 지 벌써 40여 년의 세월이 흘렀다. 그동안 어려운 현실 여건 속에서 목마른 영혼들에게 생명을 전하고 생수를 공급하는 선교일꾼으로 살아왔다. 평범한 성도이자, 소명을 받은 선교사로서의 역할을 감당하며 나는 국내·외 선교지역을 찾아다니며 봉사와 선교에 힘을 보탰다. 그러한 내 선교지향적인 헌신을 기쁘게 받아주신 주님은 지난 40여 년간 훈련과 연단으로 새 일을 시작하게 하셨다.

주님은 그동안 기도로 준비해왔던 북방선교와 땅끝 선교를 보다 체계적으로 수행할 수 있도록 선교회라는 새로운 신앙의 터전을 마련해 주셨다. 그간 선교지향적인 신앙생활을 중심으로 제한된 주변지역에만 복음을 전해왔다면, 앞으로는 새 선교회를 통해 사막에 길과 강들을 내실 계획을 세우신 것이다. 이는 이전과는 비교도 되지 않는 거대한 선교 프로젝트의 시작인 셈이다.

40년 동안의 기도가 저변에서 든든한 뿌리가 되어 새로운 선교회를 탄생시킨 거룩한 모태가 되었다고 믿는다. 이제는 진정 목마름을 해갈하는 소극적 차원의 선교가 아닌, 사막 자체를 아름다운 낙원으로 바꾸는 새 일이 시작되었다. 앞으로는 기도를 하고 은혜를 받는 소극적인 선교를 넘어 성도들이 한마음 한뜻으로 선교에 동참하는 하나님의 놀라운 은혜를 체험하게 될 것이다.

나는 새 일을 시작하신 하나님의 또 다른 역사를 기대하고 있다. 하나님께서 사막에 내신 강에 복음을 통해 더 멀리, 그리고 더 깊숙이 퍼져 나가는 사명이 우리에게 주어진 것이다. 이는 앞으로 통일시대를 살아갈 우리들이 감당해야 할 몫이요, 하나님의 분명한 부르심이다. 새 선교회는 이러한 주님의 부르심에 적극적으로 응답한, 우리 모두가 함께 동참하고 가꾸어 가야 할 새 일의 아름다운 터전으로 남을 것이다.

망망한 바다 한가운데서 배 한 척이
침몰하게 되었습니다.
모두들 구명보트에 옮겨 탔지만
한 사람이 보이지 않았습니다.
절박한 표정으로 안절부절 못하던 성난 무리 앞에
급히 달려 나온 그 선원이
꼭 쥐고 있던 손바닥을 펴 보이며 말했습니다.
"모두들 나침반을 잊고 나왔기에 … "
분명, 나침반이 없었다면 그들은 끝없이 바다 위를
표류할 수밖에 없을 것입니다.

삶의 바다를 항해하는 모든 이들을 위하여
우리는 그 나침반의 역할을 하고 싶습니다.
우리를 구원하신 아름다운 주님을
21세기 문명의 이기(利器)를 통하여
널리 전하고 싶습니다.

우리 나침반 가족은
구원의 복음과 진리의 말씀을 전하며
당신의 믿음 성장과 삶을, 가정을, 증거를,
그리고 당신의 세계를 돕고 싶습니다.

그리스도 안에서
우리는 당신을 진실로 사랑합니다.

"하나님은 모든 사람이 구원을 받으며
진리를 아는 데 이르기를 원하시느니라."
(디모데전서 2장 4절)

세상에 가치없는 사람은 하나도 없다

지은이 | 김용현
발행인 | 김용호
발행처 | 나침반출판사

초판 1쇄 발행 | 2011년 10월 25일

등 록 | 1980년 3월 18일 / 제 2-32호
주 소 | 110-616 서울 광화문 사서함 1641호
전 화 | 본   사(02)2279-6321
         영업부(031)932-3205
팩 스 | 본   사(02)2275-6003
         영업부(031)932-3207

홈페이지 | www.nabook.net
이 메 일 | nabook@korea.com
             nabook@nabook.net

ISBN 978-89-318-1435-4
책번호 가-9032

값은 뒷표지에 있습니다.

나침반출판사는 우리를 구원하신 아름다운 주님을
21세기 문명의 이기(利器)를 통하여 널리 전하고 싶습니다.

30 일 집중 무릎 기도서!

-읽는것 자체가 기도인 책-

전도 대상자에게 1권을 선물하면서
날짜에 맞춰 함께 읽을것을 약속하고 중보기도하면
전도 대상자는 우리 교회 성도가 될 수 있습니다

자녀를 위한 무릎 기도문

"엄마, 아빠
내가 이렇게 성공한 건 모두
부모님 기도 덕분이에요.
매일 무릎꿇고 저를 위해 기도하셨잖아요."

편집부 엮음 | 국반판 | 144쪽

가족을 위한 무릎 기도문

"하나님!
우리 가족 모두 잘 될 것을 확신합니다.
매일 무릎 꿇고 구체적으로 기도하니까요!"

편집부 편저 | 국반판 | 144쪽

새신자 무릎 기도문

"하나님은 우리와 대화하시려고
언제나 기다리십니다.
마음을 열고 소망을 말해 보세요.
우리의 긴에 귀를 기술이고,
가장 최상의 것을 주실 것입니다.

편집부 편저 | 국반판 | 144쪽

태신자를 위한 무릎 기도문

"누군가를 전도하고 싶다면
지금 바로 기도를 시작하십시오.
하루도 빠지지 말고 기도하십시오.
끝까지 포기하지 마십시오.
돌아올 때까지 간구하십시오."

편집부 편저 | 국반판 | 144쪽

나침반의 영적해결 도서들

크리스티아노스 북1
넉넉히 이기게 하시는 하나님(개정판)
오스왈드 샌더스 지음 | 248쪽 | 국판

모든 문제에서 승리하게 하는 예수님의 방법!
삶 속의 복잡한 문제들에 대한 근본적인 해답은
오직 하나라고 할 수 있는데,
바로 삼위일체 하나님과 올바른 관계를 유지하고
그분에게 온전히 순종하는 것이다.

크리스티아노스 북2
내 안에 계신 그리스도
레스 카터 지음 | 272쪽 | 국판

예수님의 매력 집중탐구!
너무도 사모하는 그분이 우리 안에 오셔서
우리 안에 거처를 정하시고, 우리 안에 사신다.
그분의 성품이, 그분의 행실이, 그분의 혜안이,
그분의 마음이 나의 사상이 되고, 나의 마음이 되고,
나의 사랑이 되고, 나의 인격이 되고, 나의 삶이 된다.

크리스티아노스 북3
목숨 걸고 믿음을 지킨 사람들
작자 미상 지음 | 176쪽 | 국판

아멘, 주 예수여 오시옵소서.!
혼란스런 시대를 살아가는 그리스도인들이
이 책이 보여주는 충성과 순교의 정신을 통해
모든 시험을 이길 수 있는 큰 용기를 얻을 것을
믿는다.

크리스티아노스 북4
구원을 열망하라
오스왈드 스미스 지음 | 176쪽 | 국판

구원에 관한 모든 궁금증을
시원하게 풀어 드립니다!!
영생을 향한 열정이 회복됩니다!
천국의 소망이 구체적으로 다가옵니다!"

크리스티아노스 북5
직통기도 직통응답
프란시스 가드너 헌터 지음 | 224쪽 | 국판

당신의 기도가 바로 응답되는 법을 제시한 책!
직접 체험한 직통 기도 응답 간증과 함께
다이렉트 기도의 비결을 알려줍니다!